新编中等职业
旅游类专业系列教材

旅游会计

主　编　杨晨晖

副主编　祁慧涛　蔡庆华

重庆大学出版社

内容提要

本书内容包括:总论,会计核算的方法,货币资金和应收账款的核算,存货的核算,长期股权投资和金融资产,固定资产、无形资产和其他资产的核算,负债的核算,所有者权益的核算,收入、费用与利润的核算,旅游饭店经营业务的核算,旅行社经营业务的核算,财务会计报告。

本书兼顾知识传授和能力培养,既可作为中职旅游类专业教材,也可作为旅游企业事业单位财会人员的参考用书。

图书在版编目(CIP)数据

旅游会计/杨晨晖主编.—重庆:重庆大学出版社,
2008.11(2018.8 重印)
(新编中等职业教育旅游类专业系列教材)
ISBN 978-7-5624-4531-9

Ⅰ.旅… Ⅱ.杨… Ⅲ.旅游业—会计—专业学校—教材
Ⅳ.F590.66

中国版本图书馆 CIP 数据核字(2008)第 081603 号

旅游会计

主 编 杨晨晖
副主编 祁慧涛 蔡庆华
责任编辑:顾丽萍 陶学梅   版式设计:顾丽萍
责任校对:夏 宇   责任印制:张 策
*
重庆大学出版社出版发行
出版人:易树平
社址:重庆市沙坪坝区大学城西路 21 号
邮编:401331
电话:(023)88617190 88617185(中小学)
传真:(023)88617186 88617166
网址:http://www.cqup.com.cn
邮箱:fxk@cqup.com.cn(营销中心)
全国新华书店经销
POD:重庆新生代彩印技术有限公司
*
开本:787mm×960mm 1/16 印张:15 字数:269 千
2008 年 11 月第 1 版   2018 年 8 月第 6 次印刷
ISBN 978-7-5624-4531-9 定价:39.50 元

随着现代经济的发展,旅游业已成为全球经济中发展势头最强劲和规模最大的产业之一。在1996—2006年的10年时间里,全世界旅游业保持着良好的发展态势,国际旅游接待人数与国际旅游收入的年均增长率分别为4.6%,6.1%。2006年全球接待国际游客总数达到8.42亿人,同比增长4.5%。全球旅游业的发展达到了一个前所未有的高度。根据世界旅游组织预测,从现在起到2020年,全球国际旅游人数年增长率可望保持在4%的水平,旅游业发展前景将继续展现出良好发展态势。

在中国,旅游业已成为经济发展的支柱性产业之一。自1996年以来中国旅游业的增幅保持在10%左右,高于全球增幅3~5个百分点,在国民经济中占有一席之地。据预测,到2015年,中国旅游业增加值可达2万亿元,约占GDP的4.8%;旅游业约占服务业增加值的11%;旅游直接与间接就业总量将达1亿人左右。根据中国旅游业快速发展的态势,世界旅游组织预测中国将成为世界第一旅游大国的时间,已由2020年提前到2015年。

在全球旅游业快速发展的推动下,在中国旅游业强劲发展势头的带动下,在国家大力发展职业教育的号召下,旅游职业教育的提升与更新亦呼之欲出,尤其在中国旅游业迎来了行业发展的提升期之际,由拥有良好旅游资源的中西部地区的旅游职业学校共同推出的这套系列教材,无疑将对中国旅游职业教育的发展和旅游人才的培养产生深远的意义。

该套教材坚持以就业为导向、以人的全面发展为中心,既注重了内容的实用性和方法的可操作性,又对教学资源进行了立体化开发,使教与学更加灵活,体现了旅游业发展的实际要求,是一套理论与实际相结合的旅游专业教材,也是旅游工作者的重要参考书。

值此套教材出版之际,欣然为之作序。

2008年2月

近年来,随着我国社会主义市场经济的深入发展,旅游业越来越成为发展国民经济,实现可持续发展战略的重要产业之一。经济越发展,会计越重要。会计管理是一个十分重要的经济管理手段,社会经济生活中的各个领域都离不开会计。会计是采用专门的技术和方法,对一定主体的经济活动进行确认、计量、记录和报告,进而利用会计信息预测,参与决策和管理。企业提供的会计信息是国际通用的"商业语言"。会计信息的失真,将造成经济活动无信用可言,国家、个人、社会公众的合法利益难以得到保障,经济发展将受到严重制约。

为适应新形势发展的需要,2006 年财政部发布了 39 项新企业会计准则。新企业会计准则体系的发布,既符合中国市场经济的发展进程,又标志着与国际会计准则不断并轨的中国会计准则基本体系已经形成,它将进一步提高我国企业会计信息的质量和透明度,促进企业的国际化交流和发展。根据财政部新发布的企业会计准则体系,我们组织编写了《旅游会计》。本书结合旅游企业的经营特点,以 2007 年试行的新企业会计准则为指导,系统阐述了旅游会计的理论和方法,基本反映了新企业会计准则规定的内容。本书在编写过程中结合旅游企业会计实务和教学实践,突出会计基础知识的学习和会计实务操作能力的培养,注重建立和完善会计的知识结构体系和技能结构体系,并力求体现新颖性、正确性、实用性和完整性。

这本教材编写的主导思想是便于教和学,考虑到本书是非会计专业的会计入门知识读本,我们在编写过程中进行了内容和结构的创新,增加了会计基础知识的内容,方便教师在教学过程中介绍会计核算方法,同时也满足学生学习会计基础知识的需求。此外,本书编写时在每章前配有本章导读、关键词汇,章后配有本章小结、本章自测题等内容,便于培养学生的学习能力和实际操作能力。

《旅游会计》一书可作为中等职业学校(含中专、技校和职业高中)旅游管理等专业及会计岗位培训的教材,也可作为旅游企业财务工作者和经营管理者的

参考用书。

《旅游会计》一书由云南省旅游学校杨晨晖任主编并编写第 1,2 章;湖北省旅游学校祁慧涛任副主编并编写第 3,4,5,8 章;四川省旅游学校蔡庆华任副主编并编写第 9,10,11 章;四川省旅游学校佘珊参编并编写第 6,7 章;广东海洋大学经管学院李锐参编并编写第 12 章。全书最后由杨晨晖负责统稿。

在编写该书的过程中,我们参阅了最新的企业会计准则和近年来出版的有关会计教材,但由于编者学识和时间有限,书中不足之处在所难免,恳请广大读者批评指正。

编　者

2008 年 6 月

第1章
总论

【本章导读】
会计是为了适应人们管理生产的需要而产生的,是人类社会发展到一定历史阶段的产物。经济越发展,会计越重要。本章介绍会计的基本理论知识,包括会计的定义、会计假设、会计要素、会计等式和会计核算的要求等内容。

【关键词】
会计　会计要素　会计等式　会计假设　权责发生制

1.1　旅游企业会计概述

1.1.1　会计的产生与发展

1)会计的概念

(1)会计是在社会生产实践中产生的

会计在我国有着悠久的历史。在原始社会,人们管理生产过程,只是凭头脑的记忆,后来采用“刻木记数”、“结绳记事”等原始计量、记账的方法,这是会计的萌芽阶段。此时的会计只是生产职能的附带部分。当社会生产发展到一定水平并出现了私人占有财产以后,人们为了保护私有权和不断扩大其私有财产,生产过程中便逐步产生了用货币形式进行计量和记录的方法,使会计逐渐从生产职能中分离出来,成为独立的职能。文字产生以后,人类开始用文字来记录事物的数量,逐渐形成会计雏形。此时的会计就是记录、计算和考核。随着生产发展,劳动产品增加,剩余产品出现,会计活动成为大量的经常活动,这时会计才从生产活动中分离出来,成为由专人负责的独立的管理活动。

（2）会计随着社会经济的发展而发展

①我国会计的发展。

15 世纪以前的会计习惯上称为古代会计。我国商代是"官厅会计"的创始时期。虽然目前对官厅会计还没有一个公认的定义，但人们对官厅会计的一般认识是：主要服务于奴隶主和封建王室赋税征收、财政支出及其财产保管的会计。我国的官厅会计到了西周（公元前 1100—前 770 年）时代，有了进一步的发展，开始出现"会计"的命名和较为严格的会计机构。此时"会计"的基本含义是"零星算之为计，总合算之为会"。即既有日常的零星核算，又有岁终的综合核算，通过日积月累到岁终的核算，达到正确考核王朝财政收支的目的。

人类会计方法的演进，经历了由单式簿记向复式簿记转化的过程，它是社会经济发展的客观要求。我国账簿的设置，开始是使用单一的流水账，即按经济业务发生先后顺序登记账的一种单一的序时账簿，后来才从单一流水账发展成为"草流"（也叫"底账"）、"细流"和"总清"三账，一直使用到明清时期。

与此同时，对会计的结算方法，也从原始社会末期开始的"盘点结算法"发展成为"三柱结算法"，即根据本期收入、支出和结余三者之间的关系，通过"入－去＝余"的公式，结算本期财产物资增减变化及其结果。到了唐宋两代，我国创建了"四柱结算法"，通过"旧管（即期初结存）＋新收（即本期收入）－开除（即本期支出）＝实在（即期末结存）"的基本公式进行结账，为我国通行的收付记账法奠定了基础。到了清代，"四柱结算法"已成为系统反映王朝经济活动或私家经济活动全过程的科学方法，成为中式会计方法的精髓。明末清初，随着手工业、商业的发达和资本主义经济的萌芽，我国商人又进一步设计了"龙门账"，把会计科目划分为"进"、"缴"、"存"、"该"四大类（即收、付、资产、负债），"进"和"缴"为一线，"存"和"该"为另一线。设总账进行分类记账并编制"进缴表"和"存该表"（即利润表和资产负债表），实行双轨计算盈亏。"龙门账"是我国复式记账方法的最初形式，记录比较全面，为以后发展严密的复式记账方法奠定了基础。

辛亥革命以后，我国会计学家积极引进西方会计，使我国会计事业有了发展。在 20 世纪 30 年代曾发起了改良中式簿记运动，对中小型企业的会计曾起过一定的作用，但仍存在"中式簿记账"和"西式簿记账"并存的局面。

中华人民共和国成立以来，根据不同时期经济发展的要求，我国制定了一系列的会计法律和行政法规。1985 年颁布了《企业会计制度》，2006 年 2 月制定发布了新的会计准则体系，并于 2007 年 1 月 1 日起实施，以适应社会主义市场经济发展的需要。

②西方会计的发展。

"西式簿记账"即复式簿记账的出现是会计发展史上的一个里程碑,标志着近代会计的开始。借贷复式记账法就是复式簿记应用的一种方法。借贷复式记账法的产生和发展,与西方资本主义经济关系的产生和发展有着密切的联系。这一方法最早来自商品货币经济比较发达的意大利佛罗伦萨、热那亚和威尼斯。1494年,意大利数学家、会计学家卢卡·帕乔利的《数学大全》一书在威尼斯出版发行,对借贷复式记账作了系统介绍,并介绍了以日记账、分录账和总账三种账簿为基础的会计制度,以后相继传至世界各国,为世界上现代会计的发展奠定了基础。

(3)会计的功能随现代科技的发展而扩展

20世纪50年代以后,在发达的市场经济国家,特别是在美国,现代会计开始形成和发展。表现在两个方面:

①会计处理电算化。

现代科学技术的发展和经济管理要求的提高,使现代会计管理科学进一步得到推广,特别是电子计算机技术在会计上的应用,是会计在记账与计算技术方面的重大革命,对会计的发展产生了深刻的影响。

②会计的理论和方法分化为两个子系统。

随着企业内部和外部对会计信息的不同要求,会计的理论和方法分化为财务会计和管理会计两个子系统。

财务会计是以向投资者、债权人和企业外部相关方面提供投资决策、信贷决策和其他经济决策所需要的信息为主。

管理会计是以向企业内部各级管理人员提供短期和长期经营、管理和理财决策所需要的经济信息为主。管理会计在财务会计核算和监督功能的基础上,进一步扩展到预测经济前景、参与经济决策、考核和分析计划执行情况等领域,这对于加强经济管理、提高经济效益有着重要的意义。

随着社会生产的发展和经济管理的要求,会计由简单到复杂,由低级到高级逐步得到发展和完善。经济越发展,会计越重要。

综上所述,会计是以货币为主要计量单位,反映和监督一个单位经济活动的一种经济管理工具。具体来说,它是以货币为主要计量单位,以凭证为依据,采用专门的技术和方法,对一定主体的经济活动进行全面、综合、连续、系统的核算与监督,并定期向有关方面提供会计信息的一种经济管理工作。

2)会计的特点

根据上述会计的发展和会计的定义,会计具有以下特点:

(1)原始的会计计量只是简单地用实物数量和劳动量度对经营活动和财务收支进行计算和记录

随着社会生产的日益发展,会计从简单的计量和记录,逐步发展成为以货币为主要计量单位来综合核算与监督经济活动的过程。它为所有财产物资和劳动消耗提供总括指标,利用价值形式间接地进行计算,从而取得必要的、连续的、系统的、全面的、综合的会计信息,使经济核算成为可能。

(2)会计所反映的数据资料具有连续性、系统性、综合性和完整性

要反映已发生或已完成的各项经济活动,了解和考核经济活动的过程和结果,必须对经济活动进行顺序地、不间断地记录和计算,通过分类、汇总和加工整理,取得综合性的指标。随着社会生产的发展,经营规模的放大和经济活动的日趋复杂,在经营管理上,除了要求提供反映现状的核算指标外,还要提供预测未来的会计信息,使会计从事后反映发展到预测未来,以便为实现预期效果而采取相应措施。

(3)会计的核算职能与监督职能相结合

会计的事前、事中和事后监督是对会计核算资料的正确性、真实性和合法性进行检查和监督。会计监督是会计核算的继续和补充,对经济活动具有促进、控制、考核和指导作用,两者不能分离。会计监督首先是在反映各项经济活动的同时,进行事前监督,并且利用各种价值指标来考核经济活动的效果。随着经济的发展,参与企业预测、决策、控制、考核将成为会计的主要方面。

(4)会计为提高经济效益服务

提高经济效益是会计的主要目标,充分利用会计信息反馈,参与经营决策,也是现代会计的特点,它会给社会和单位带来经济利益。

3)会计的基本职能

会计的职能是指会计在经济管理中所具有的功能。一般而言,会计的基本职能包括进行会计核算和实施会计监督两个方面。

(1)会计核算职能

会计核算职能是指会计以货币为主要计量单位,通过确认、记录、计算、报告等环节,对特定主体的经济活动进行记账、算账、报账,为各有关方面提供会计信息的功能。会计核算主要采取货币形式(即以货币为主要计量单位),从价值量方面连续、系统、综合、全面地反映主体已经发生或完成的经济活动,即进行事后核算。会计核算必须以真实、合法的会计凭证为依据,并且有一套比较科学、完整的方法体系。在核算手段上,随着计算机技术在会计领域的广泛应用,会计的核算手段日益先进,能够更加方便、快捷、高效、准确地完成会计核算工作,及时

提供会计信息。

(2)会计监督职能

会计监督职能是指会计人员在进行会计核算的同时,对特定主体经济活动的合法性、合理性进行审查。其中,合法性审查是指审查主体的各项经济活动是否符合国家有关法律、法规和规定,是否遵守和执行国家的财经政策和各项方针政策等,以杜绝违法乱纪行为的发生;合理性审查是指检查主体的各项财务收支是否符合既定的财务收支计划,是否有利于预算目标的实现,是否有奢侈浪费行为,是否有违背内部控制制度的现象等,为企业增收节支、提高经济效益把好关。

会计的核算职能是会计监督职能的基础,会计监督职能则又贯穿于会计核算的全过程,两者相辅相成,既有独立要求,又有紧密联系,缺一不可。

1.1.2 会计的对象

会计对象是指其核算和监督的内容。我国《企业会计准则》明确指出,会计核算的对象是社会再生产过程中的资金运动。

社会再生产过程是由生产、分配、交换、消费4个环节构成的,它概括了各种经济活动。旅游企业是社会再生产过程中的基层单位,企业要进行生产经营活动或财务的收支活动,都必须拥有一定的资产,从而发生资产的增加、耗费,发生收入、收益和债权债务等经济活动。以货币表现的经济活动通常称为价值运动或资金运动。概括地说,会计的对象就是社会再生产过程中的资金运动。

1.2 会计要素和会计等式

1.2.1 会计要素

1)会计要素的概念及构成

会计是对经济业务进行确认、计量及报告的管理过程。为了全面、系统、综合地反映经济活动状况,必须把错综复杂的经济业务按会计准则的要求进行基本分类。会计要素就是对经济业务的内容进行基本分类,它是会计对象的具体化。

我国《企业会计准则》将会计要素分为六大类,即资产、负债、所有者权益、

收入、费用和利润,其中资产、负债和所有者权益反映企业某个时点上的财务状况,是静态指标;收入、费用和利润反映企业一定时期的经营状况,是动态指标。会计要素是建立合理的会计科目体系,编制会计报表的依据。

2)会计要素的基本内容

(1)资产

资产是指过去的交易、事项形成并由企业拥有或控制的预期会给企业带来经济利益的资源,包括各种财产、债权和其他权利。资产是企业进行生产经营活动的前提条件,是最重要的会计要素之一。资产可以以实物形态存在,如房屋、机器设备、现金、商品、材料等,也可以不具有实物形态,如以债权形式存在的应收款、预付款,以特殊权利形态存在的专利权、商标权等无形资产。

根据基本会计准则的规定,符合资产定义的资源,在同时满足以下条件时,才能确认为资产:

①与该资产有关的经济利益很可能流入企业;

②该资产的成本或者价值能够可靠计量。

资产按其在经营活动中的流动性可划分为流动资产和非流动资产两类。通常情况下,流动资产主要包括货币资金、交易性金融资产、应收及预付款项、存货等。流动资产以外的资产归类为非流动资产。非流动资产主要包括长期股权投资、固定资产、无形资产等。

(2)负债

资产是指过去的交易、事项形成的、预期会导致经济利益的资源流出企业的现时义务。

根据基本会计准则的规定,符合负债定义的义务,在同时满足以下条件时,才能确认为负债:

①与该资产有关的经济利益很可能流出企业;

②未来流出的经济利益的金额能够可靠计量。

负债按其流动性,可以分为流动负债和非流动负债两类。通常情况下,流动负债主要包括短期借款、应付及预收款项。流动负债以外的负债归类为非流动负债。非流动负债主要包括长期借款、应付债券、长期应付款等。

(3)所有者权益

所有者权益是指企业资产扣除负债后由所有者享有的剩余权益。公司的所有者权益又称股东权益。所有者权益在数量上等于企业全部资产减去全部负债后的余额。所有者权益包括所有者投入的资本(股本),以及形成的资本公积金、盈余公积金和未分配利润。

（4）收入

收入是指企业在日常活动中形成的会导致所有者权益增加的、与所有者投入资本无关的经济利益总流入。

根据基本会计准则的规定，收入只有在经济利益很可能流入从而导致企业资产增加或负债减少，且经济利益的流入额能够可靠计量时才能予以确认。

收入包括商品销售收入、提供劳务收入和让渡资产使用权收入。

（5）费用

费用是指企业在日常活动中发生的、会导致所有者权益减少、与向所有者分配利润无关的经济利益的总流出。

根据基本会计准则的规定，费用只有在经济利益很可能流出从而导致企业资产减少或负债增加，且经济利益的流出额能够可靠计量时才能予以确认。

费用主要包括生产费用和期间费用。生产费用是指企业为生产产品发生的可以归属于产品成本的费用，包括直接费用、直接人工和制造费用，这部分费用应当计入产品成本。期间费用是指企业在生经营过程中发生的但不能归属于产品成本的费用，包括销售费用、管理费用和财务费用。这部分费用应当在发生时确认为当期损益，不计入产品成本。

（6）利润

利润是指企业在一定会计期间的时期内生产的经营成果。利润由营业利润、投资净收益和营业外收支净额构成。利润是收入和费用相配比的结果：收入－费用＝利润。一定时期内收入大于费用表现为盈利，收入小于费用表现为亏损，利润会使所有者权益发生变动。

1.2.2 会计等式

1）会计等式

任何企业进行生产经营活动，都必须具备一定的资产作为物质基础，如土地、房屋、机器设备、现金等。进入企业的资产都必然有一定的来源，要么是投资者以投资方式投入的，要么是企业以借款方式从各种金融机构或其他单位借入，这些资产无论其来源如何，它们的提供者对其都有要求权，在会计上我们称之为权益。资产和权益是同一资金的两个方面，二者之间存在着相互依存的关系，有一定的资产必然有一定的权益，有一定的权益必然有一定的资产，在数量上二者是必然要相等的，这种关系用公式表示为：

资产＝权益

权益表现为企业资产的提供者对其提供的资产享有的要求权,权益就可以分为所有者权益和债权人权益(负债),则资产与权益的关系就可以表示为:

$$资产 = 负债 + 所有者权益$$

因此,会计等式是指由会计要素所组成并反映了会计要素之间的数量的关系式。由于资产与权益的平衡关系不受经济业务影响,无论经济活动如何发生变化,都不会破坏这个关系式的平衡,所以又称为会计恒等式。它表明某一会计主体在某一特定时点所拥有的各种资产以及债权人和投资者对企业资产要求权的基本状况,表明企业拥有的全部资产都是由债权人和投资者提供的。

由于企业是所有者投资的,企业实现的利润也都属于所有者,利润的实现表明所有者在企业中的权益数额增加,反之,企业经营亏损也都由所有者承担,表明所有者在企业中的权益数额减少,所以会计等式还可以表示为:

$$资产 = 负债 + (所有者权益 + 利润)$$
$$或资产 = 负债 + (所有者权益 + 收入 - 费用)$$

2)经济业务的类型及其对会计等式的影响

企业在生产经营过程中,不断发生各种经济业务,这些经济业务错综复杂,千变万化,各项业务的发生,均会引起资产与权益的增减变动。但归纳起来,其变动不外乎以下4种类型:

①因经济业务发生,引起资产内部各项目之间一增一减,金额相等,如企业用银行存款购买材料。

②因经济业务发生,引起权益内部一增一减,金额相等,如以银行借款偿还前欠款;以资产公积金转增资本等。

③因经济业务发生,引起资产与权益项目同时增加,增加的金额相等,如收到投资者投入的现金存入银行;从银行借入短期借款存入企业银行存款账户等。

④因经济业务发生,引起资产与权益项目同时减少,减少金额相等,如用银行存款偿还短期借款等。

从以上因经济业务发生引起的资产与权益变动来看,无论哪种类型的经济业务发生都不会破坏会计等式的平衡关系。由于会计恒等式揭示了会计要素之间的关系,因而它是复式记账和编制资产负债表的理论依据。

1.3 会计核算的基本准则

1.3.1 会计核算的基本前提

会计核算的基本前提也称会计假设,是进行会计核算时必须明确的前提条件,它是对会计核算所处的时间、空间环境和计量方式等所作的合理假定。会计核算的基本前提包括会计主体、持续经营、会计分期和货币计量。

1)会计主体

会计主体是指会计核算和监督的特定单位或组织,它界定了从事会计核算工作和提供会计信息的空间范围。

一个会计主体是一个独立核算的经济实体,是独立于财产所有者的基层单位,即每一个企业、事业单位都是一个会计主体,都相对独立地记录和核算企业本身各项生产经营活动,而不能核算和反映属于所有者个人的收支活动或其他经济主体的经济活动。会计主体假设,为会计核算规定了空间范围,明确了会计核算的范围和内容。

2)持续经营

持续经营是指会计主体在可以预见的未来,将根据既定目标持续、正常地经营下去,而不会面临破产、清算的情况。因此,企业的资产能按预定目标在正常经营中被耗用、出售,所承担的债务能如期清偿等,从而解决很多资产计价和收益确定的问题。

持续经营假设,为会计核算规定了时间界限。会计核算应当以企业持续、正常的生产经营活动为前提,只有如此,才能使会计服务的具体单位保证资产按历史成本计价;折旧、费用按预期方法进行摊提、分配;负债的按期偿还,从而使所有者权益和经营成果得到正常确认。

3)会计分期

会计分期假设是指将持续、不断的经营活动,人为地划分为等间距的若干较短的期间,以便分期结算项目和编制会计报表,从而及时提供有关企业财务状况、经营成果和现金流量等方面的会计信息。所划分的期间就称为会计期间。我国《企业会计准则——基本会计准则》规定,会计期间划分为年度和中期。中

期指短于一个完整的会计年度的报告期间,如半年度、季度和月份。其起讫日期都是采用公历日期即每月的第一天到最末一天为月份,每季的第一天到最末一天为季度,每年1月1日至12月31日为一个会计年度。

4)货币计量

货币计量是指会计主体的一切经济业务都以货币作为统一的计量单位来计量,记录和报告企业财务状况和经营成果。货币计量假设为会计核算规定了计量方式。货币是一般等价物,尽管资产、负债和所有者权益的形态、性质不同,但价值形态是相同的,可以用货币进行记录和报告。

我国《企业会计准则》规定,会计核算应以人民币作为记账本位币。记账本位币是指企业经营所处的主要经济环境中的货币。业务收支以人民币以外的货币为主的企业,也可以选择其中的一种外币作为记账本位币。但编制的会计报表应当折算为人民币反映。境外企业向国内有关部门编制会计报表,应当折算为人民币反映。

1.3.2　会计核算的基础

1)会计核算的基础

在会计核算中,虽然将企业持续不断的经营活动,人为地划分为若干个会计期间,但是企业的经营活动仍是继续进行的,并不会因此而停顿或中断。在企业持续经营过程中,将不断地取得收入,同时不断地发生费用。因此,为了正确确定收入和费用的归属期,在会计上形成了两种核算基础,即收付实现制和权责发生制。

权责发生制是以应收应付为标准确定收入和费用的归属期间。按权责发生制,企业在生产经营活动中,凡本期应获得的收入,不论其款项是否收到,都作为本期收入处理;凡本期应负担的,不论费用款项是否支付,都作为本期费用处理。反之,凡不应当归属本期的收入,即使款项已经收到,也不能作为本期收入处理;凡不应当归属本期的费用,即使款项已经支付,也不能作为本期费用处理。即权责发生制是依据权责关系来确定收入和费用的归宿,以便正确反映企业会计期间的财务成果。我国《企业会计准则》规定,企业应当以权责发生制为基础进行会计确认、计量和报告。

2)收付实现制

收付实现制是与权责发生制相对应的会计核算基础。它是以收到或支付现

金作为确认收入和费用的依据。目前,我国的行政单位采用收付实现制,事业单位除经营业务采用权责发生制外,其他业务也采用收付实现制。

1.3.3 会计信息的质量要求

会计工作的基本任务是向财务会计报告使用者提供与企业财务状况、经营成果和现金流量等有关的会计信息。因此,为了促使企业加强和规范会计核算,向财务会计报告使用者提供高质量的会计信息,基本会计准则规定了对会计信息的质量的要求,包括客观性、相关性、明晰性、可比性、实质重于形式、重要性、谨慎性和及时性等。

1) 客观性

客观性要求会计核算应当以实际发生的经济业务为依据,如实反映财务状况和经营成果。

2) 相关性

相关性要求会计核算提供的会计信息既要符合国家宏观经济管理的要求,满足有关方面了解企业财务状况和经营成果的需要,又要满足企业加强内部经营管理和需要。

3) 明晰性

明晰性要求企业提供的会计信息、会计报表应当清晰明了,以便于理解和利用。

4) 可比性

可比性要求企业提供的会计信息应当具有可比性。具体有两层含义:一是要求同一企业不同时期发生的相同或者相似的交易或者事项,应当采用一致的会计政策,不得随意变更,确需变更的,应当按规定的程序和方式变更,并将变更的情况、变更的原因及其对企业财务状况和经营成果的影响,附注中说明;二是要求不同企业发生的相同或者相似的交易或者事项,应当采用规定的会计政策进行,确保会计信息口径一致、相互可比。

5) 实质重于形式

实质重于形式要求企业应当按照交易或者事项的经济实质进行会计确认、计量和报告,不应仅以交易或者事项的法律形式为依据。

6) 重要性

重要性要求企业提供的会计信息应当反映与企业财务状况、经营成果和现

金流量等有关的所有重要交易或者事项,对于重要的经济业务,特别是对于影响决策的经济业务,应当单独反映、重点说明。

7)谨慎性

谨慎性要求企业对交易或者事项进行会计确认、计量和报告应当保持应有的谨慎,不应高估资产或者收益、低估负债或者费用。

8)及时性

及时性原则要求企业对已经发生的交易或者事项,应当及时进行会计确认、计量和报告,不得提前或者延后。

1.3.4 会计要素的计量

会计计量,是指应用一定的计量属性和计量单位,确定已确认应予记录项目金额的过程。根据会计基本准则的规定,企业对会计要素进行计量时,可以选择应用的会计计量属性有历史成本、重置成本、可变现净值、现值和公允价值。

1)历史成本

历史成本又称实际成本。在历史成本计量下,资产按照购置时支付的现金或现金等价物的金额,或者按照购置资产时所付出的对价的公允价值计量。负债按照因承担现时义务而实际收到的款项或者资产的金额,或者承担现时义务的金额,或者按照日常活动中为偿还负债预期需要支付现金或现金等价物的金额计量。

2)重置成本

在重置成本计量下,资产按照现在购买相同或者相似资产所需支付的现金或现金等价物的金额计量。负债按照现在偿付该项债务所需支付的现金或现金等价物的金额计量。

3)可变现净值

在可变现净值计量下,资产按照其正常对外销售所能收到现金或现金等价物的金额扣减该资产至完工时估计将要发生的成本、估计的销售费用以及相关税费后的金额计量。

4)现值

在现值计量下,资产按照预计从其持续使用和最终处置中所产生的未来净现金流入量的折现金额计量。负债按照预计期限内需要偿还的未来现金流出量的折现金额计量。

5）公允价值

在公允价值计量下,资产和负债按照在公平交易中,熟悉情况的交易双方自愿进行资产交换或者债务清偿的金额计量。

应当指出,企业在对会计要素进行计量时,一般应当采用历史成本计量属性。采用重置成本、可变现净值、现值和公允价值计量的,应当保证所确定的会计要素金额能够取得并可靠计量。

本章小结

本章通过介绍会计的产生和发展,引出了会计的概念。本章学习难点是会计核算的基本前提,即会计假设。会计假设的内容有会计主体、持续经营、会计分期和货币计量。学习重点是会计核算的基础,即权责发生制。同时要了解会计信息的质量要求包括客观性、相关性、明晰性、可比性、实质重于形式、重要性、谨慎性和及时性等。会计要素的计量属性有历史成本、重置成本、可变现净值、现值和公允价值等。

本章自测题

1. 简述会计的概念。
2. 什么是会计假设? 简述其构成。
3. 什么是会计要素? 简述其构成。
4. 什么是会计等式? 其表达形式如何?
5. 什么是权责发生制?
6. 会计信息的质量要求有哪些?
7. 如何对会计要素进行计量?

第2章 会计核算的方法

【本章导读】

会计核算的方法是对经济业务进行完整、连续和系统的记录和计算,为经营管理提供所需的信息而采用的方法,一般包括设置账户、复式记账、填制和审核会计凭证、登记会计账簿、成本计算、财产清查和编制财务会计报告等专门方法。本章重点介绍设置账户、复式记账、填制和审核会计凭证、登记会计账簿的方法和账务处理程序。

【关键词】

会计科目　复式记账　会计分录　试算平衡　平行登记账　会计凭证　会计簿

2.1　账户和复式记账

2.1.1　会计科目

1)会计科目的概念

会计科目是对会计对象的具体内容即会计要素进行分类核算的项目。

企业在经营过程中,经济业务的发生必然会引起各会计要素的增减变化,而企业发生的经济业务错综复杂、性质各异,即使涉及同一会计要素,也往往具有不同的性质和内容。为了实现会计的基本职能,要从数量上反映各会计要素的增减变化,不但要取得各项会计要素增减变化及其结果的总括指标,而且要取得一系列更加具体的数量指标,这就要求对会计要素按照经济内容和管理要求做进一步具体分类,也就是要确定会计科目。

会计科目是账户的名称,设置会计科目是正确运用复式记账、填制记账凭证、登记会计账簿和编制会计报表等会计核算方法的基础。

2)会计科目的分类

①按照提供信息的详细程度不同,可分为总分类科目和明细分类科目。

总分类科目是指对会计要素的具体内容进行总括分类的项目,又称一级科目。明细科目是指根据核算及管理的需要对某些会计科目所作的进一步分类。按照其分类的详细程度不同,明细科目可以划分为子目和细目,子目又称二级科目,细目又称三级科目。

②按照反映的会计要素不同,可分为资产类科目、负债类科目、所有者权益类科目、成本类科目和损益类科目五大类。根据我国 2007 年《企业会计准则——应用指南》,企业设置的主要会计科目如表 2.1 所示。

表 2.1 会计科目表

一、资产类	商品进销差价
库存现金	长期股权投资
银行存款	固定资产
其他货币资金	累计折旧
交易性金融资产	固定资产清理
应收票据	在建工程
应收账款	无形资产
预付账款	长期待摊费用
应收股利	待处理财产损溢
应收利息	二、负债类
其他应收款	短期借款
坏账准备	交易性金融负债
材料采购	应付票据
原材料	应付账款
低值易耗品	预收账款
材料成本差异	应付职工薪酬
库存商品	应交税费
发出商品	应付利息

续表

应付股利	五、损益类
其他应付款	主营业务收入
未确认融资费用	其他业务收入
长期应付款	公允价值变动损益
长期借款	投资收益
应付债券	营业外收入
专项应付款	主营业务成本
三、所有者权益类	其他业务成本
实收资本	营业税金及附加
资本公积	销售费用
盈余公积	管理费用
本年利润	财务费用
利润分配	资产减值损失
四、成本类	营业外支出
制造费用	所得税费用
生产成本	以前年度损益调整

在会计实践中,根据规定,会计科目由财政部制订,企业在不影响会计核算要求和会计报表汇总,以及对外提供统一的会计报表格式的前提下,可以根据实际情况增减或合并某些会计科目。明细分类科目除少数财政部规定以外,其他一般由企业根据核算与管理的需要自行确定。

各单位都应按一定的设置原则合理设置会计科目,在实际工作中,会计科目是由财政部按照大行业,通过会计制度统一规定的。

2.1.2 账户及其结构

1)账户的概念和分类

账户是根据会计科目开设的、具有一定结构用以连续、系统地记录经济业务,反映资产、负债、所有者权益增减变动及其结果的手段。

账户按其核算和监督的内容不同,可分为资产类账户、负债类账户、所有者权益和损益类账户;按其所提供的核算指标的详细程度,账户可分为总分类账户和明细分类账户。

2)账户的基本结构

账户是用来记录经济业务的,所以账户必须具备一定的结构以完整系统地记录经济业务。账户的基本结构必须包括以下内容:

(1)账户名称(会计科目)

(2)记录经济业务的日期

(3)所依据记账凭证的编号

(4)经济业务摘要

(5)增加金额

(6)减少金额

(7)期末余额

账户的一般结构如表2.2所示。

表2.2　账户名称(会计科目)

年		凭证编号	摘要	增加	减少	余额
月	日					

"增加"、"减少"、"余额"三者之间的数量关系为:

$$期初余额 + 本期增加额 - 本期减少额 = 期末余额$$

为便于说明问题,教学上将上述账户的基本结构简化为"T"字形账户,如表2.3所示。

表2.3　账户名称(会计科目)

左方	右方
增加(减少)	减少(增加)
余额	余额

"T"字形账户的基本结构分为左右两方,一方用来登记增加数,另一方用来登记减少数。至于哪一方登记增加,哪一方登记减少,余额在哪方,取决于账户的经济内容和账户的性质。

3）账户和会计科目的联系和区别

会计科目和账户都是对会计对象具体内容的科学分类,两者口径一致,性质相同。会计科目是账户的名称,也是设置账户的依据;账户是会计科目的具体应用。

二者的区别是:会计科目仅仅是账户的名称,没有具体的结构;而账户则具有一定的格式、结构和内容,可以用来连续地记录经济业务。在实际工作中,对会计科目和账户并不加以严格区分,而是相互通用的。

2.1.3　复式记账

1）复式记账的意义

复式记账是相对于单式记账而言,单式记账法是对每一项发生的经济业务只在一个账户中登记,在一般情况下,只在资产的收付方进行登记。如用现金支付一笔费用,只登记现金减少一笔,借以控制货币收支和结存情况,至于发生的费用,用在哪里则不予登记。这种单方面的记账,手续简便,通俗易懂,但它不能系统地反映资金的来龙去脉,只能孤立地反映一项经济业务引起资金的变化情况,并且,由于账户设置不完整,账户与账户之间不存在有机的联系,很难反映资金运动的全过程。因此,随着生产的发展和市场经济的日趋复杂,单式记账逐渐被淘汰了。

目前,世界上广泛采用复式记账法。所谓复式记账法,就是指对发生的每一项经济业务都以相等的金额在两个或两个以上相互联系的账户中登记,以系统、全面地反映每一项经济业务引起资产和权益变化情况和结果的一种方法。如用现金支付费用 100 元,同时在现金和费用两个账户中进行登记,一方面登记现金减少 100 元,另一方面登记费用增加 100 元。

复式记账法由于记账符号、记账规则不同,在我国可具体分为借贷记账法,增减记账法,收、付记账法 3 种。国际上通用的是借贷记账法,当前我国也普遍采用这种方法。

2）复式记账的原理

任何一笔经济业务的发生,都会引起至少两个项目的资金增减变动,而两个项目的变动金额相等。经营业务中客观存在的这种现象,通过会计核算把它全面地反映出来,就需要在两个以上相互联系的账户中进行同时登记。复式记账法是由资产等于负债加所有者权益这一平衡原理所决定的。所以说"会计恒等式"是复式记账的原理,即"资产 = 负债 + 所有者权益"所反映的资金平衡关系。

复式记账法的特点:第一,对于每一项经济业务,都在两个或两个以上相互关联的账户中进行记录,不仅可以了解每一项经济业务的来龙去脉,而且在全部经济业务都登记入账以后,可以通过账户记录全面、系统地反映经济活动的过程和结果。第二,由于每项经济业务发生后,都是以相等的金额在有关账户中进行记录,因而可据以进行试算平衡,以检查账户记录是否正确。

2.1.4 借贷记账法

1)借贷记账法的概念和内容

借贷记账法是按照复式记账原理,以资产和权益的平衡关系为基础,以借、贷二字作为记账符号,以"有借必有贷,借贷必相等"为记账原则的一种复式记账方法。

(1)借贷记账法记账符号

以"借"和"贷"作为记账符号

在借贷记账法下,每个账户的基本结构为"借方"和"贷方",左方为借,右方为贷。资产和费用成本类账户的增加记"借"方,减少记"贷"方;负债、所有者权益和收入类账户的增加记"贷"方,减少记"借"方。由于每一个账户的增加额通常都会大于或等于其减少额,所以任何账户的正常余额(期初或期末)都记录在其增加额的一方。各类账户期末余额的计算公式如下:

$$\frac{资产(费用成本)类}{账户借方期末余额} = \frac{期初借}{方余额} + \frac{本期借方}{发生额} - \frac{本期贷方}{发生额}$$

$$\frac{负债、所有者权益、收入}{类账户贷方期末余额} = \frac{期初贷}{方余额} + \frac{本期贷方}{发生额} - \frac{本期借方}{发生额}$$

(2)借贷记账法下的记账规则

以"有借必有贷,借贷必相等"为记账规则。

采用借贷记账法,对于每项经济业务,在记入一个账户借方的同时,记入另一个或几个账户的贷方,或记入一个账户贷方的同时,记入一个或几个账户的借方,并且记入借方的金额必须等于记入贷方的金额。

[例2.1] 某企业从食品商店购入各种食品材料1 000元,原材料已验收入库,款项尚未支付。

这笔经济业务,引起原材料增加了1 000元,应付款增加了1 000元,所以要记入"原材料"账户的借方,同时记入"应付账款"账户的贷方,金额都是

1 000元。

借　　原材料　　贷		借　　应付账款　　贷	
期初余额 6 000			期初余额 4 000
①1 000			①1 000

[例2.2]　某企业用银行存款偿还欠某食品公司的贷款 10 000 元。

这笔经济业务的发生,导致银行存款和应付款都同时减少,所以,应当记入"应付账款"账户的借方,同时记入"银行存款"账户的贷方。

借　　银行存款　　贷		借　　应付账款　　贷	
期初余额 2 000			期初余额 15 000
	②10 000		②10 000

[例2.3]　某企业从银行提取现金 500 元备用。

这笔经济业务的发生,导致现金增加了 500 元,银行存款减少了 500 元。应当记入"库存现金"账户的借方,同时记入"银行存款"账户的贷方。金额都是 500 元。

借　　库存现金　　贷		借　　银行存款　　贷	
期初余额 200			期初余额 25 000
③500			③500

[例2.4]　某企业从银行借入短期借款 20 000 元,用以直接偿还应付款。

这笔经济业务的发生,引起短期借款增加 20 000 元,应付款减少了 20 000 元,所以应当记入"应付款"账户的借方,同时记入"短期借款"账户的贷方。

借 短期借款 贷		借 应付账款 贷	
	期初余额 10 000		期初余额 25 000
	④20 000	④20 000	

(3)借贷记账法下的结构账户

(4)借贷记账法下的试算平衡

在借贷记账法下,由于每一笔经济业务都是按"有借必有贷,借贷必相等"的记账规则进行记录的,所以账户间就存在着必然的平衡关系。即所有账户的借方发生额之和应当等于所有账户的贷方发生额之和;所有账户的期末贷方借方余额之和等于所有账户期末余额总和。

在实际工作中,利用账户间借贷相等的平衡关系检查账户记录的方法就是试算平衡。

2)账户的对应关系及会计分录

在借贷复式记账法下,每一项经济业务都应在两个或两个以上的账户中登记,这样所记账户之间就形成了一定的联系,账户间的这种依存关系就叫账户的对应关系。构成对应关系的账户,称为对应账户。

为了清晰反映各账户间的对应关系,便于记账工作进行,保证账户记录的正确,在经济业务发生之后,首先应当编制会计分录,然后记入各有关账户。

所谓的会计分录是指对某项经济业务事项标明其应借应贷账户以及记账金额的记录,简称分录。在我国会计实际工作中,习惯通过编制记账凭证来进行。

书写会计分录的形式是先写借,后写贷,借贷相错一格,说明它们是对应账户保持平衡关系。

[例2.5] 某企业向食品商店购进原材料1 000元,贷款尚未支付。

借:原材料 1 000

  贷:应付款 1 000

[例2.6] 某企业采购员王明出差归来,报销差旅费470元,退回多余的现金30元。

借:管理费用 470

  库存现金 30

  贷:其他应收款 500

[**例**2.7]　某企业购进一批原材料,总价款是 16 700 元,开出一张票面金额为 16 000 元的转账支票,不足部分用现金支付。

　　借:原材料　　　　　　　　　　　　　　　　　16 700
　　　贷:银行存款　　　　　　　　　　　　　　　16 000
　　　　库存现金　　　　　　　　　　　　　　　　　700

　　会计分录可分为简单分录和复合分录,简单会计分录只涉及两个账户,也就是一借一贷,如例 2.5。复合会计分录涉及两个以上的账户,一借多贷或者是一贷多借,如例 2.6,2.7。在会计实践中一般不允许编制多借多贷的会计分录。

　　在实际工作中,对账户进行试算平衡通常是通过编制账户试算平衡表进行的。试算平衡表的格式如表 2.4 所示。

表2.4　试算平衡表

单位:元

账户名称	期初余额		本期发生额		期末余额	
	借方	贷方	借方	贷方	借方	贷方
一、资产账户						
库存现金	3 800			3 000	800	
银行存款	7 000		23 000	1 500	28 500	
交易性金融资产	20 000				20 000	
应收款	1 300				1 300	
其他应收款	900				900	
原材料	5 800				5 800	
库存商品	4 100				4 100	
长期股权投资	28 000				28 000	
固定资产	17 600				17 600	
无形资产	2 500				2 500	
资产合计	91 000		23 000	4 500	109 500	

续表

账户名称	期初余额		本期发生额		期末余额	
	借方	贷方	借方	贷方	借方	贷方
二、权益类账户						
实收资本		36 000		2 000		56 000
资本公积		14 000				14 000
盈余公积		700				700
短期借款		2 300				2 300
应付票据		4 000		6 000		10 000
应付款		3 600	1 200			2 400
其他应付款		9 000	6 300			2 700
应交税费		1 000				1 000
长期借款		20 400				20 400
权益合计		91 000	7 500	26 000		109 500

值得注意的是,试算平衡能够检查出账户有错误,但是不能检查出账户记录上的所有错误,比如重复记账、记账方向颠倒等错误,试算平衡就不能检查出来。因此,为了保证账户记录的正确无误,除试算平衡以外,必须定期进行其他会计检查。

3)账户的平行登记账

为了满足经济管理的需要,提供完整的会计信息,会计核算既要设置总分类账户,又要设置细分类账户,总分类账户与明细分类账户只是反映经济业务的详细程度不同,二者核算的内容相同,登记的原始依据也是相同的。

所谓平行登记,是指对发生的每项经济业务事项都要以会计凭证为依据,一方面记入有关的总分类账户,另一方面还需按相同的方向、相应的金额记入总分类账户所属的明细分类账户的方法。

账户平行登记账的内容有如下几点:

(1)同期登记

同期登记即每一项经济业务,在同一会计期间内,既要记入有关的分类账户,又要记入所属的明细分类账户。

(2)方向一致

方向一致即每一项经济业务,记入总分类账户的方向与记入所属明细分类

账户的方向一致。

（3）金额相等

金额相等即对每一项经济业务,记入总分类账户的金额必须与记入所属明细分类账户的金额之和相等。

平行登记的结果存在如下关系：

①总分类账户期初借（或贷）方余额之和＝所属明细分类账户期初借（或贷）方余额总和。

②总分类账户本期借（或贷）方发生额之和＝所属明细分类账户本期借（或贷）方发生额总和。

③总分类账户期末借（或贷）方余额之和＝所属明细分类账户期末借（或贷）方余额总和。

在实际工作中,通过上述平衡关系的试算,可以检查总分类账户与明细分类账户平行登记是否正确、完整,如果发现不平衡,应立即查明原因并予以纠正。

2.2 会计凭证与会计账簿

2.2.1 会计凭证

为了保证会计信息的真实性和可靠性,根据客观性原则,记入账户的每一笔经济业务,都必须有真凭实据（书面文件）来证明经济业务的发生或完成。会计凭证就是用以记录经济业务、明确经济责任,据以作为记账依据的书面证明。

填制和审核会计凭证是登记账簿的前提和依据,是会计核算的基础工作和初始阶段,也是实行会计监督的一种专门方法。会计凭证按填制的程序和用途不同,可分为原始凭证和记账凭证两大类。

1）原始凭证

原始凭证是在经济业务发生时填制或取得用以记录经济业务的发生或完成的书面证明。

（1）原始凭证的种类

原始凭证按其来源不同,可分为外来原始凭证和自制原始凭证。外来原始凭证是在经济业务发生或完成时,从外单位或个人取得的凭证,如发货票、收据、银行存款的收付款凭证等；自制原始凭证是指由企业经办业务的部门或个人在办理经济业务时填制的单据,如收料单、发料单、差旅费的报销单等。

原始凭证按其填制手续的次数不同,可分为一次凭证和累计凭证。一次凭证是指在经济业务发生或完成后一次填制完毕的原始凭证,如各种外来原始凭证;累计凭证是在一定时期内连续记录若干同类经济业务的原始凭证,如限额领料单。

原始凭证按其填制经济业务的数量不同,可分为单项原始凭证和汇总原始凭证。单项原始凭证只记录一项经济业务;汇总原始凭证是根据若干个同类经济业务的原始凭证汇总编制而成的,如营业收入日报表等。

(2)原始凭证的内容

原始凭证记录经济业务的内容多种多样,原始凭证的基本内容、格式和名称也不尽相同,但都应具备如下基本内容:

①原始凭证的名称(如:发货票、收料单等);

②接受凭证单位的名称;

③填制凭证的日期和编号;

④经济业务的内容;

⑤数量、单位和金额;

⑥填制单位和填制人员的签名盖章。

(3)原始凭证的填制

原始凭证是进行会计核算的基础,办理经济业务事项的单位和人员,都必须填制或取得原始凭证,并且做到真实、完整、清晰和及时,具体要求如下:

①记录必须真实可靠。原始凭证的填制日期、经济业务的内容必须是经济业务发生的实际情况。一式几联的发票和收据,必须用双面复写纸套写,并连续编号,注明各联的用途,只能以一联作为报销凭证。作废时应当加盖"作废"戳记,连同存根一起保存,不得撕毁。

②填制必须及时。原始凭证应在经济业务发生或完成时及时填制,并按规定的程序传递、审核,递交财会部门据以编制记账凭证。

③填写内容完整、手续完备。

④书写要清楚,数字必须正确,大小写一致。

⑤责任必须明确。经办人员必须在原始凭证上签名或盖章,以明确责任。

(4)原始凭证的审核

为了加强财务管理,为记账提供真实、可靠的依据,会计机构和会计人员必须对原始凭证进行认真审核。审核的内容主要在两个方面:

①审核原始凭证及其所反映的经济业务的合法性、真实性及合理性。

②审核原始凭证记录的准确性和完整性。

2)记账凭证

记账凭证是指由会计人员根据审核无误的原始凭证或原始凭证汇总表编制的,用以记录经济业务的简要内容,确定会计分录,作为登记账簿依据的凭证。

记账凭证根据其反映经济业务的内容不同,可分为收款凭证、付款凭证和转账凭证3种。凡涉及现金和银行存款收付的业务,分别填制收款凭证或付款凭证,不涉及现金、银行存款收付的业务填制转账凭证。在实际工作中,也有的是事业单位不分收、付、转,统一使用一种记账凭证,这种记账凭证称之为通用记账凭证。各种记账凭证的格式如表2.5,2.6,2.7,2.8所示。

表2.5 收款凭证

收 款 凭 证

20××年2月1日

借方科目:库存现金　　　　　　　　　　　　凭证编号_____

摘　　要	贷方科目	明细科目	页	金　　额	附件
客房服务收入现金	营业收入	客房业务		4 000.00	
合　　计				4 000.00	张

会计主管(签章)　　记账(签章)　　出纳(签章)　　复核(签章)　　制证(签章)

表2.6 付款凭证

付 款 凭 证

20××年2月1日

贷方科目:银行贷款　　　　　　　　　　　　凭证编号_____

摘　　要	借方科目	明细科目	页	金　　额	附件
购入煤5吨 每吨300元 未以支票付讫	燃料	煤		1 500.00	
合　　计				1 500.00	张

会计主管(签章)　　记账(签章)　　复核(签章)　　制证(签章)

表2.7 转账凭证

转 账 凭 证

20××年2月1日

凭证编号_____

摘 要	总科目	明细科目	页	借方金额	贷方金额	
餐饮业务会员用香菇5千克每千克48元	营业成本	餐饮业务		240.00		附件
	原材料	干菜类			240.00	张
合计				240.00	240.00	

会计主管(签章)　　记账(签章)　　复核(签章)　　制证(签章)

表2.8 记账凭证

记 账 凭 证

20××年2月1日

凭证编号_____

摘要	结算方式	借方科目		贷方科目		金 额	
		总科目	明细科目	总科目	明细科目		
							附件
							件
							张
合　　计							

会计主管(签章)　　记账(签章)　　复核(签章)　　制证(签章)

(1)记账凭证的填制

记账凭证根据审核无误的原始凭证或原始凭证汇总表填制。填制时应当符合下列要求:

①在"摘要"栏简明扼要地填写经济业务的内容。

②必须根据经济业务的内容,按照会计制度规定,运用复式记账方式,确定会计科目的借贷方向和金额。

③除结账和更正错误的记账凭证可以不附原始凭证外,其他记账凭证必须附有原始凭证,并注明所附原始凭证的张数。

④不得将不同内容和类别的经济业务合并填制一张记账凭证,也就是不得填制多借多贷的会计分录。

⑤各种记账凭证必须连续编号,如果一笔经济业务需要填制多张记账凭证,采用"分数编号法"。

⑥填制会计凭证,字迹必须清晰、工整。阿拉伯数字不得连笔书写,阿拉伯数字金额前面应当书写货币币种符号。阿拉伯数字金额一律填写到角分,无角分的,角位和分位用"00"代替。

(2)记账凭证的审核

记账凭证必须经专人审核之后方能作为记账依据,审核的内容主要是:

①记账凭证所附的原始证或原始凭证汇总表是否齐全,其内容与记账凭证内容是否相符,两者金额合计是否核对相符。

②记账凭证中所列的会计科目借贷方向及其金额是否正确,对应关系是否清楚。

③记账凭证中所列项目是否填写完整,有关人员的签章是否齐全。

④记账凭证所记录的经济业务是否合理合法。

3)会计凭证的传递与保管

会计凭证的传递是指会计凭证从填制或取得之日起,到整理归档时为止,在有关部门之间按规定的时间、路线传递和处理的过程。正确组织会计凭证的传递,有利于及时处理和登录记账经济业务,提高会计工作效率;有利于加强各个部门的经济责任制,充分发挥会计监督作用。在规定会计凭证的传递程序时,既要保证会计凭证经过必要的环节进行处理和审核,又要注意减少不必要的传递环节。

会计凭证是一个单位的重要经济档案和历史资料,必须按规定妥善保管,以便查阅利用。

2.2.2　会计账簿

1)会计账簿的作用

账簿是指由一定格式的页组成,用来序时地、分类地记录和反映各项经济业务的簿籍。科学、合理地设置和登记账簿在会计核算中有着重要作用:

①设置和登记账簿是对会计核算资料进行系统归纳和积累的重要手段;

②设置和登记账簿为编制报表提供必要的资料来源;

③设置和登记账簿是考核企业经济活动和财务成本计划的依据。

2)会计账簿的种类

(1)按用途分,账簿可分为日记账(序时)、分类账和备查账

①日记账。日记账是指按照经济业务发生时间的先后顺序逐日、逐笔记录经济业务的账簿。企业主要设置现金日记账和银行存款日记账以便加强对货币资金收支及结存的核算。这两种日记账都必须采用订本式簿,由出纳根据有关"收款凭证"和"付款凭证"逐笔序时登记,并逐日结出余额。现金日记账与库存现金核对,银行存款日记账定期与银行对单核对。日记账格式如表2.9所示。

表2.9　现金或银行存款日记账

年		凭证编号	摘　要	对方科目	收　入	支　出	余　额
月	日						

②分类账。分类账的设置包括总分类账和明细分类账。

总分类账是按照总分类账户规定的核算内容连续地记录全部经济业务的账簿。总分类账只采用货币计量单位进行登记。总分类账的登记,可以根据记账凭证逐笔登记,也可以通过一定的汇总方式,定期或分期汇总登记,具体登记方法视所采用的记账程序而定。

明细分类账是按照总分类账户的二级或明细账户规定的核算内容连续地登记某一类经济业务明细情况的账簿。明细账可视业务量的大小和经营管理的要求,根据记账凭证和原始凭证逐笔登记或定期汇总登记。

(2)按格式分,账簿可分为三栏式、数量金额式和多栏式

①三栏式。总分类一般采用"三栏式"页,按一级会计科目设置,基本结构

为:"借方"、"贷方"和"余额"三栏,格式如表2.10所示。

表2.10 总分类账

账户名称   第 页

年		凭证编号	摘 要	对方科目	借 方	贷 方	余 额
月	日						

明细分类账由于管理要求不同,记账内容不同,采用的格式也不一样。三栏式明细账的基本结构分为:"借方"、"贷方"、"余额"三栏,格式如表2.11所示。主要适用于应收账款、应付账款、其他应收款、短期借款、实收资本等只需进行金额核算的明细账。

表2.11 明细分类账

账户名:××公司

年		记账凭证		摘要	页数	借方	√	贷方	√	借或贷	余额	√
月	日	字	号									

②数量金额式。数量金额式明细账其结构分为"收入"、"发出"、"结存"三栏,每一栏又分设"数量"、"单价"、"金额"三栏,格式如表2.12所示。主要适用于如"材料"、"产成品"等既要核算金额,又要核算数量的明细账。

表 2.12　　数量金额式明细账

材料类别：　　　　　　　　　　　　　存放地点：
名称和规格：　　　　计量单位：　　　储备定额：

年		凭证号数	摘要	收　入			发　出			结　存		
月	日			数量	单价	金额	数量	单价	金额	数量	单价	金额

③多栏式。多栏式明细账主要适用于成本、费用等需要详细核算、分析其组成、消耗情况的经济业务。一般在"借方"或"贷方"栏下分设若干专栏，也可在借、贷双方栏下分别设立若干专栏，如表 2.13 所示。

表 2.13　　管理费用明细账

年		记账凭证		摘要	借方	贷方	借或贷	余额	借（　）方金额分析		
月	日	种类	号数								…

（3）按其外表的形式不同，账簿可分为订本账、活页账和卡片账 3 种
（4）账簿的设置和登记

设置账簿就是确定账簿的种类、数量、内容和格式。设置账簿要注意严密性、完整性与适用性、可操作性相结合，既要避免重复烦琐，又不能过于简化。

3）记账规则

①根据审核无误的记账凭证或原始凭证登记账簿，将记账凭证中日期、编号、经济业务内容摘要、金额等相关资料逐项登记，做到数字准确、摘要清楚、登记及时、字迹工整。一笔经济业务登记完毕，应在相应的记账凭证上注明账簿的

页数或用"√"符号表示已记账,以防重记、漏记并便于查对。

②登记账簿时,文字要清晰,数字要规范,文字和数字上面留适当的空距,不要写满格,一般靠底线1/2书写。

③记账必须用蓝黑墨水、碳素墨水书写,不得使用圆珠笔和铅笔书写,红色墨水必须按制度规定使用。

④各种账簿必须按编定的页次顺序连续登记,不得隔页、跳行。如果发生跳行、隔页,应将空行、空页画线注销或注明"此行空白"字样,并由记账人员签名或盖章。

⑤每一页登记完毕结转下页时,应在本页最末一行加计本页借方、贷方发生额合计并结出余额,在"摘要"栏内注明"转次页"同时将计算出的本页借、贷方发生额合计和余额分别注入下一页第一行的"借方"、"贷方"、"余额"栏内。并在"摘要"栏内注明"承前页",然后继续记账。

⑥凡需要结出余额的账户,结出余额后,应当在"借"或"贷"栏内注明"借"或"贷",表明余额方式。没有余额的账户,应在"借"或"贷"栏内注明"平",在余额栏内用"0"表示。

⑦账簿记录发生错误,不得涂改、挖补、刮擦或用退色药消除字迹,不得重新抄写,而应根据错误的具体情况按规定的方法进行更正。

⑧在记账过程中必须按规定的时间对账、结账。

2.3 账务处理程序

2.3.1 账务处理程序概念

账务处理程序又叫记账程序,是指从填制、审核、整理各种原始凭证和记账凭证到登记各种账簿、编制会计报表整个过程的账务处理程序。

2.3.2 账务处理程序概述

账务处理程序有很多种,企业常用的主要有记账凭证账务处理程序和科目汇总表账务处理程序。不同账务处理程序的主要区别在于登记账总的依据和方法不同。

1)记账凭证账务处理程序

记账凭证账务处理程序就是对所有的经济业务直接根据记账凭证逐笔登记总分类,它是一种最基本的记账程序,具体核算程序如图2.1所示。

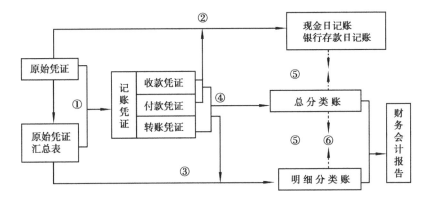

图2.1 记账凭证账务处理程序

①根据原始凭证或原始凭汇总表填制收款凭证、付款凭证或转账凭证;

②根据收、付款凭证及所附原始凭证逐笔顺序登记日记账;

③根据记账凭证及所附原始凭证或原始凭证汇总表逐笔登记明细分类;

④根据记账凭证直接逐笔登记总分类;

⑤按照要求,定期将总分类与日记账、明细分类进行核对;

⑥根据总分类和明细分类编制会计报表。

记账凭证账务处理程序的优点是比较详细,简单明了,易于理解;缺点是登记总分类的工作量大,所以它主要适用于规模小、业务量少的企业。

2)科目汇总表账务处理程序

科目汇总表记账凭证账务处理程序又称记账凭证汇总表账务处理程序,是指根据记账凭证定期编制科目汇总表,然后根据科目汇总表登记总分类账。具体核算程序如图2.2所示。

①根据原始凭证或原始凭证汇总表编制记账凭证;

②根据记账凭证及所附的原始凭证逐笔登记日记账;

③根据记账凭证及所附的原始凭证逐笔登记明细分类;

④根据记账凭证编制科目汇总表;

⑤根据科目汇总表登记总分类;

⑥定期将总分类和日记账、明细分类进行核对;

⑦根据总分类和明细分类编制会计报表。

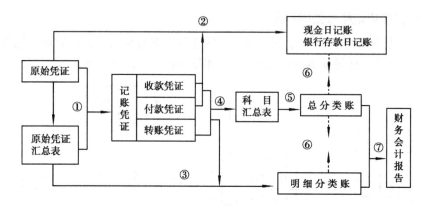

图2.2 科目汇总表账务处理程序

采用科目汇总表记账凭证账务处理程序,能够简化登记总分类账的工作,但也存在着科目汇总表和总分类不反映账户对应关系,不便于查对科目等缺点。科目汇总表记账凭证账务处理程序主要适用于规模较大、业务较多的企业。

本章小结

会计核算的方法包括设置账户、复式记账、填制和审核会计凭证、登记会计账簿、成本计算、财产清查和编制财务会计报告等专门方法。这些专门方法是一个完整体系,必须全面地、相互联系地加以运用,才能保证核算工作的顺利进行。其中填制和审核会计凭证、登记会计账簿和编制财务会计报告是一条主线,而设置账户、复式记账、成本计算、财产清查等方法贯穿其中。

本章自测题

1.什么是复式记账法?

2.账户和会计科目有何关系?

3.什么是会计等式?会计等式有何作用?

4.什么是借贷记账法?借贷记账法有哪些内容?

5.简述会计核算的7种方法。

6.什么是平行登记?平行登记有哪些要点?

7.什么是记账凭证账务处理程序?记账凭证账务处理程序有哪些工作步骤?

第3章
货币资金和应收账款的核算

【本章导读】

本章主要阐述货币资金及应收款项的相关知识。通过本章的学习,了解国家对现金、银行存款的相关管理办法和应收及预付款的有关知识,理解和掌握现金、银行存款、其他货币资金和应收及预付款的基本会计处理方法。本章的重点是各货币资金的管理规定及货币资金和应收账款的会计核算,本章的难点是银行结算方式及其相关规定和应收款项的坏账核算。

【关键词】

货币资金　应收账款　坏账　预付账款　未达账项

3.1 货币资金的核算

3.1.1 货币资金概述

任何一个以盈利为目的的企业都必须从经营中赚到钱,这里的钱不单单指一张张的钞票,还可以用多种形式表现,比如银行里的存款、别人汇来的汇款、企业收到的支票等,也就是会计上所说的货币资金。

旅游企业的货币资金是企业在业务经营中以货币形态存在的那部分资产,它包括现金、银行存款及其他货币资金。它是旅游企业资产的重要组成部分。旅游企业生产经营活动离不开货币资金,持有货币资金是企业进行生产经营活动的基本条件。因为旅游企业每天购买物品、支付各项费用都要花钱;同时又不断地从客人那里收到钱,这样,货币资金就在不断地被使用,既有收进,也有付出,这个收进和付出的过程我们称之为货币资金的流动。由于货币资金每天不断地流动,循环往复,具有高度的流动性,所以旅游企业对货币资金的管理和控

制就显得特别重要。

3.1.2 现金的概述

我国会计上所说的现金仅指企业的库存现金,包括人民币现金和外币现金。旅游企业的现金是一种流通的货币,包括铸币和纸币。

1)现金的管理规定

(1)现金使用的范围

按照国务院发布的《现金管理暂行条例》和《小企业会计制度》的规定,现金使用范围如表3.1所示。除表中所列的款项可以用现金支付外,其他款项的支付应通过银行转账结算。

表3.1　现金使用范围

序号	款项性质	金额上的限制
1	职工工资、津贴	无限制
2	个人劳务报酬	无限制
3	根据国家规定颁发给个人的科学技术、文化艺术、体育等各种奖金	无限制
4	各种劳保福利费用以及国家规定的对个人的其他支出,如退休金、抚恤金、职工困难补助等	无限制
5	向个人收购农副产品和其他物资的款项	无限制
6	出差人员必须随身携带的差旅费	无限制
7	结算起点以下的零星支出	1 000 元人民币以下
8	中国人民银行确定需要支付现金的其他支出	无限制

(2)库存现金的限额

库存现金的限额规定如表3.2所示。

表3.2　库存现金的限额

项　目	内　容
限额的性质	为保证企业日产零星开支的需要,允许企业库存现金的最高数额
确定限额的方法	①由开户银行根据企业的实际情况核定 ②一般按照单位3~5天日常零星开支的需要确定 ③边远地区和交通不便地区开户单位的库存现金限额,可适当放宽,但不超过15天日常零星开支的需要确定 ④需要增加或减少库存现金限额的,应向开户银行提出申请,由开户银行核定
限额的执行	必须严格遵守限额规定,超过限额部分的现金应按规定期限送存银行

(3)现金收支规定

旅游企业同时要加强现金收支的管理。现金收支的规定如表3.3所示。

表3.3　现金收支的规定

项　目	内　容
收入现金方面的规定	①收入现金应于当日送存开户银行,当日确有困难的,第二日送 ②不得设置"小金库",即不准保留账外公款 ③不得"公款私存",不准将单位收入的现金以个人名义存储
支出现金方面的规定	①不得坐支现金 ②不得谎报用途套取现金,从开户银行提取现金,应如实写明用途 ③因采购地点不确定、交通不便等特殊原因必须使用现金的应向开户银行提出书面申请,经批准后予以支付
凭证、账簿记录方面的规定	①不得白条顶库,即不准用不符合制度规定的凭证顶替库存现金 ②收支的现金必须及时入账,对已收讫、付讫的凭证,应在有关原始凭证上盖上"收讫"、"付讫"章 ③签发支票和付款要有两人分别盖章 ④对现金收付款凭证,应定期装订成册,由专人保管

2)现金的核算

为了总括反映库存现金的收支和结存情况,根据新会计准则,企业应设置"库存现金"账户。"库存现金"是资产类账户,现金的增加记"借方",现金的减少记"贷方",余额在借方。其账户"T"结构如表3.4所示。

表 3.4   库存现金

借方	贷方
增加数	减少数
余额	

[例 3.1]   东方饭店 5 月 2 日收到现金 7 500 元。做会计分录如下：

　借:库存现金　　　　　　　　　　　　　　　　　　　7 500

　　　贷:主营业务收入　　　　　　　　　　　　　　　　　　7 500

[例 3.2]   东方饭店 5 月 2 日开出现金支票,从银行提取现金 3 000 元。根据支票存根,做会计分录如下：

　借:库存现金　　　　　　　　　　　　　　　　　　　3 000

　　　贷:银行存款　　　　　　　　　　　　　　　　　　　3 000

[例 3.3]   东方饭店职工张明 5 月 2 日预借差旅费 2 000 元。根据借款单,编制"现金付款凭证",做会计分录如下：

　借:其他应收款——张明　　　　　　　　　　　　　　2 000

　　　贷:库存现金　　　　　　　　　　　　　　　　　　　2 000

[例 3.4]   东方饭店 5 月 2 日将现金收入 7 500 元存入银行。根据银行存款进账单回执,编制"现金付款凭证",做会计分录如下：

　借:银行存款　　　　　　　　　　　　　　　　　　　7 500

　　　贷:库存现金　　　　　　　　　　　　　　　　　　　7 500

根据上述业务,登记现金日记账如表 3.5 所示。

表 3.5   现金日记账

单位:元

2007 年		凭证编号	摘　要	对方科目	借方	贷方	结存
月	日						
5	1		月初余额				160
	2		收到餐费收入	主营业务收入	7 500		
	2		提取现金	银行存款	3 000		
	2		张明欲借差旅费	其他应收款		2 000	
	2		现金收入存入银行	银行存款		7 500	
	2		本日合计		10 500	9 500	1 160
	…						
	31		本期发生额及余额				

3）现金的清查

库存现金清查的主要方法是实地盘点，即以库存现金实有数与现金账的账面余额进行核对。现金的清查包括出纳人员的每日清点和清查小组定期和不定期的清查。

每日业务终了，出纳人员应清点现金，同时应结出现金日记账的收支和结存余额，并检查现金实际库存与现金日记账的余额是否相符，做到当日账当日结清，对于现金清查的结果，应编制现金盘点报告单。如果发现有待查明原因的现金短缺或溢余，应通过"待处理财产损溢——待处理流动资产损溢"科目核算；属于现金短缺的，借记该科目，贷记"库存现金"科目；属于现金溢余的，借记"库存现金"科目，贷记该科目。待查明原因后分不同的情况进行处理。

如为现金短缺，则：

借：其他应收款——应收现金短缺款　　　（应由责任人赔偿）

　　其他应收款——应收保险赔款　　　　（应由保险公司赔付）

　　管理费用——现金短缺　　　　　　　（无法落实责任，经批准核销）

　　贷：待处理财产损溢——待处理流动资产损溢

如为现金溢余，则：

借：待处理财产损溢——待处理流动资产损溢

　　贷：其他应付款——应付现金溢余　　　（应支付给有关人员或单位）

　　　　营业外收入——现金溢余　　　　　（无法查明原因，经批准核销）

[例3.5]　企业在现金清查中发现现金短缺2 000元，原因待查。

借：待处理财产损溢——待处理流动资产损溢　　　　　2 000

　　贷：库存现金　　　　　　　　　　　　　　　　　　　　2 000

经查，上述现金短缺系出纳员王芳失职所造成，应由其赔偿。

借：其他应收款——应收现金短缺款(王芳)　　　　　2 000

　　贷：待处理财产损溢——待处理流动资产损溢　　　　　　　2 000

[例3.6]　企业在现金清查中发现现金溢余300元，且无法查明原因。

发现现金溢余时：

借：库存现金　　　　　　　　　　　　　　　　　　300

　　贷：待处理财产损溢——待处理流动资产损溢　　　　　　300

经批准转销时：

借：待处理财产损溢——待处理流动资产损溢　　　　300

　　贷：营业外收入——现金溢余　　　　　　　　　　　　　300

3.1.3 银行存款的核算

1）银行存款管理制度

银行存款是旅游企业存入银行或其他金融机构的货币资金。旅游企业根据业务需要,在其所在地银行开设账户,运用所开设的账户,进行存款、取款以及各种收支转账业务的结算。

正确开立和使用银行账户是做好资金结算工作的基础,按照国家《支付结算办法》的规定,企业应在银行开立账户,办理存款、取款和转账等结算。企业通过银行办理支付结算时,应当认真执行国家各项管理办法和结算制度。

中国人民银行颁布的《支付结算办法》规定:单位和个人办理支付结算,不准签发没有资金保证的票据或远期支票,套取银行信用;不准签发、取得和转让没有真实交易和债权债务的票据,套取银行和他人资金;不准无理拒绝付款,任意占用他人资金;不准违反规定开立和使用账户。

2）银行存款的核算

为了核算和反映旅游企业存入银行或其他金融机构的各种存款,企业会计制度规定,应设置"银行存款"科目,该科目是资产类科目,借方反映企业存款的增加,贷方反映企业存款的减少,期末借方余额,反映企业期末存款的余额。

其账户"T"结构如表3.6所示。

表3.6　银行存款

借方	贷方
增加数	减少数
余额	

该账户的借方反映存款的收入数,贷方反映存款的付出数,余额在借方,表示银行存款的结存数额。

［例3.7］　东方饭店6月3日购买办公用品3 000元,开出转账支票付讫。

借:管理费用　　　　　　　　　　　　　　　　　　3 000

　　贷:银行存款　　　　　　　　　　　　　　　　　　3 000

［例3.8］　东方饭店6月3日收到当日进餐款12 000元,存入银行。

借:银行存款　　　　　　　　　　　　　　　　　　12 000

　　贷:主营业务收入　　　　　　　　　　　　　　　　12 000

根据上述业务,登记银行存款日记账如表3.7所示。

表3.7　银行存款日记账

年		凭证编号	摘　要	对方科目	结算方式	借方	贷方	结存
月	日							
6	1		期初余额					72 000
	3		购入办公用品	管理费用	支票		3 000	
	3		收到当日进餐款	主营业务收入		12 000		81 000
	3		本日合计			12 000	3 000	81 000
	...							
6	30		本期发生额及余额			12 000	3 000	81 000

3)银行转账结算方式

结算是指企业与外部单位和职工个人之间发生经济往来时,所引起的货币收付行为,分为现金结算和转账结算两种。

银行转账结算方式主要有:支票、银行本票、银行汇票、汇兑、委托收款、托收承付、商业汇票7种。适用于同域结算的有:支票、银行本票;异地结算的有:银行汇票、汇兑、托收承付;同域和异地都适用的有:委托收款、商业汇票。

(1)支票结算

支票是银行的存款人签发给收款人办理结算或委托开户银行将款项支付给收款人的票据。支票有现金支票和转账支票之分。

①支票采用单联凭证,左为存根,右为支票。签发支票使用蓝黑墨水、墨汁或碳素墨水。

②预留银行印鉴章,必须按照银行规定的尺寸刻制。法人章的尺寸上下距离不大于26毫米,左右距离不大于28毫米,私章以不大于公章为宜。万次章不能作为预留银行印鉴章。

③支票不可折叠,印鉴应盖在签发人签章处,不能盖在磁码打印带上,以免交换自动清分机不能处理,造成退票,影响资金的结算。

④支票手续费每笔1元,由银行在出售支票时收取。

⑤支票的起点金额为100元。应一律记名,有效期为10天。

⑥内容记载完整的支票遗失,失票人可以向出票人开户银行申请挂失,如在挂失前已经支付,银行不予受理。银行受理挂失,按票面金额收取百分之一的手

续费。

⑦支票可以背书转让,背书是指在票据上所做的以转让票据权利或授予他人一定的票据权利为目的书面行为。背书的记载应在票据的背面,是票据的附属行为。票据的收款人或持票人转让票据时,在票据背面签章的人称为背书人,被记录受让票据的受让人称为被背书人。

⑧如果企业签发空头支票或印章与预留印鉴不符的支票,银行除退票外并按票面金额处以5%但不低于50元的罚款。对屡次签发的,银行根据情节给予警告、通报批评,直至停止其向收款人签发支票。

(2)银行汇票结算

银行汇票是出票行签发的,由其在见票时按照实际结算金额无条件支付给收款人或持票人的票据,可供携带至外地进行异地付款结算。银行汇票的提示付款期限自出票日起一个月,持票人超过付款期限提示付款的,代理付款人不予受理。

银行汇票转让的规定:收款人可以将银行汇票背书转让给被背书人,银行汇票的背书转让以不超过出票金额的实际结算金额为准,未填写实际结算金额或实际结算金额超过出票金额的银行汇票不得背书转让。

委托收款是收款人委托信用社向付款人收取款项的结算方式。委托收款必须记载以下事项:

①表明"委托收款"的字样;

②确定的金额;

③付款人名称;

④收款人名称;

⑤委托收款凭据名称及附寄单证张数;

⑥委托日期;

⑦收款人签章。

欠缺记载上列事项之一的,信用社不予受理。

(3)商业汇票结算

商业汇票是收款人或付款人(或承兑申请人)签发,由承兑人承兑并于到期日向收款人或被背书人支付款项的票据。

商业汇票按其承兑人不同分为商业承兑汇票和银行承兑汇票。

商业承兑汇票是由收款人签发,经付款人承兑,或由付款人签发并承兑的票据。

银行承兑汇票是由收款人或承兑申请人签发,并由承兑申请人向开户银行申请,经银行审查同意,约定到期负责承兑票款的商业汇票。

商业汇票结算应注意以下问题:

①只有合法的商品交易才可签发商业汇票,不得签发无商品交易的汇票。

②商业汇票承兑后,承兑人负有到期无条件支付票款的责任。

③如商品交易属分期付款,应一次签发若干张不同期限的汇票。

(4)银行本票结算

银行本票是指由申请使用本票的单位将款项交存银行,由银行签发给申请单位,并承诺自己在见票时无条件支付确定的金额给收款人或者持票人的票据。单位和个人在同一票据交换区域需要支付各种款项,均可以使用银行本票,银行本票分为定额银行本票和不定额银行本票。根据《支付结算办法》的规定,定额银行本票面额为 1 000 元、5 000 元、1 万元和 5 万元。

①本票的记载事项。根据《票据法》第 76 条规定,本票绝对应记载的事项有:表明"本票"的字样;无条件支付的承诺;确定的金额;收款人名称;出票日期;出票人签章。

本票未记载上述规定事项之一的,则本票无效。根据《票据法》第 77 条规定,本票相对应记载的事项有:付款地,本票上未记载付款地的,出票人的营业场所为付款地;出票地,本票上未记载出票地的,出票人的营业场所为出票地。

②本票的付款。根据《票据法》的规定,银行本票是见票付款的票据,收款人或持票人在取得银行本票后,随时可以向出票人请求付款。但为了防止收款人或持票人久不提示票据而给出票人造成不利,《票据法》第 79 条规定了本票的付款提示期限:"本票自出票之日起,付款期限最长不得超过 2 个月。"如果本票的持票人未按照规定期限提示本票的,则丧失对出票人以外的前手的追索权。

本票的背书、保证、付款行为和追索权的行使,除本票的规定外,适用有关汇票的规定。

(5)汇兑结算

汇兑是汇款单位委托银行将款项汇往异地收款单位的一种结算方式。汇兑根据划转款项的不同方法以及传递方式的不同可以分为信汇和电汇两种,由汇款人自行选择。信汇是汇款人向银行提出申请,同时缴存一定金额及手续费,汇出行将信汇委托书以邮寄方式寄给汇入行,授权汇入行向收款人解付一定金额的一种汇兑结算方式。电汇是汇款人将一定款项交存汇款银行,汇款银行通过电报或电传给目的地的分行或代理行(汇入行),指示汇入行向收款人支付一定金额的一种汇款方式。

(6)委托收款结算

委托收款是收款人委托银行向付款人收取款项的结算方式。委托收款在同城异地均可办理,不受金额起点限制。

4)银行存款的清查

核对清查的方法是将旅游企业的银行存款日记账和银行送来的"银行存款对账单"进行逐笔核对,每月至少进行一次。

未达账项,是指旅游企业与银行之间由于凭证传递和记账时间差的原因所出现的一方已经入账,而另一方尚未入账的款项。旅游企业与银行之间的未达账项,大致有以下4种情况:

①银行已收款记账而企业尚未收款记账的款项;

②银行已付款记账而企业尚未付款记账的款项;

③企业已收款记账而银行尚未收款记账的款项;

④企业已付款记账而银行尚未付款记账的款项。

"银行存款余额调节表"的编制方法举例如下。

[例3.9] 某旅游企业5月30日的银行存款日记账的账面余额为168 000元,银行对账单上的企业存款余额为186 400元,经逐笔核对,发现有以下未达账项:

a.5月29日,企业收到其他单位的转账支票23 500元,银行尚未入账。

b.5月31日,企业开出转账支票4 200元,持票人尚未到银行办理转账,银行尚未入账。

c.5月31日,企业委托银行代收款项40 200元,银行已收妥入账,企业尚未收到银行的收账通知,所以企业尚未入账。

d.5月31日,银行代企业支付水费2 500元,企业尚未接到银行的付账通知,所以企业尚未入账。

根据以上未达账项,编制"银行存款余额调节表",如表3.8所示。

表3.8 银行存款余额调节表

项 目	金 额	项 目	金 额
企业银行存款账户余额	168 000	银行对账单余额	186 400
加:银行已收,企业未收的托收款项	40 200	加:企业已收,银行未收的转账支票	23 500
减:银行已付,企业未付的水费	2 500	减:企业已收,银行未付的转账支票	4 200
调整后的存款余额	205 700	调整后的存款余额	205 700

表3.8中调整后的余额相等,表示双方记账基本没有错误,调整后的余额就是企业目前银行存款的实有数。但要说明的是:企业在调节表上调整的未达账项不是记账,也不能据此作账面调整,待结算凭证到达后再进行账务处理,登记入账。

3.1.4　其他货币资金的核算

1)其他货币资金的概念及内容

其他货币资金是指除现金和银行存款以外的各种货币资金。在企业的货币资金中,有一部分在存放地点和用途上,都与库存现金和银行存款不同,如外埠存款、银行汇票存款、银行本票存款、信用卡存款、信用证保证金存款、存出投资款等,为了将其与现金、银行存款加以区别,在会计上称为"其他货币资金"。

2)其他货币资金的核算

设置"其他货币资金"账户进行核算。借方登记其他货币资金的增加数额,贷方登记其他货币资金的减少数额,余额在借方,反映其他货币资金的结余额。"其他货币资金"账户应根据其种类设置"外埠存款"、"银行汇票存款"、"银行本票存款"、"在途货币资金"、"信用证存款"等明细账户,其账户"T"结构同"库存现金"一样。

(1)外埠存款及其核算

外埠存款是指旅游企业到外地进行临时或零星采购时,汇往采购地银行开立采购专户的款项。企业汇出款项时,须填写汇款委托书,加盖"采购资金"字样。汇入银行对汇入的采购款项,以汇款单位名义开立采购账户。采购资金存款不计利息,除采购员差旅费可以支取少量现金外,一律转账结算。采购专户只付不收,付完结束账户。

[例3.10]　企业委托当地开户银行汇款50 000元给采购地银行开立专户,款已汇出。

借:其他货币资金——外埠存款　　　　　　　　50 000
　　贷:银行存款　　　　　　　　　　　　　　　　50 000
收到采购员交来货物发票,价款30 000元。
借:物资采购　　　　　　　　　　　　　　　　30 000
　　贷:其他货币资金——外埠存款　　　　　　　30 000
采购完毕,将多余的外埠存款转回当地银行时,根据银行的收款通知,转销

"其他货币资金——外埠存款"账户。

    借:银行存款   20 000

       贷:其他货币资金——外埠存款   20 000

    (2)银行汇票存款及其核算

    银行汇票存款是指企业为了取得银行汇票按规定存入银行的款项,提交委托书取得汇票。具体情况举例说明如下。

    [例3.11]   企业填送银行汇票申请书向银行申请办理银行汇票30 000元。企业将30 000元交存银行,取得银行汇票后,根据银行退回的申请书,编制付款凭证。

    借:其他货币资金——银行汇票   30 000

       贷:银行存款   30 000

    企业使用该汇票采购物资,价款20 000元。

    借:物资采购   20 000

       贷:其他货币资金——银行汇票   20 000

    采购完毕,多余款项退回。

    借:银行存款   10 000

       贷:其他货币资金——银行汇票   10 000

    (3)银行本票存款及其核算

    银行本票存款是指企业为取得银行本票,按规定存入银行的款项。银行本票是由银行签发的,承诺自己在见票时无条件支付确定的金额给收款人或者持票人的票据。它具有信誉高、支付功能强等特点。无论单位或个人,在同一票据区域支付各种款项,都可使用银行本票。取得本票时借记"其他货币资金——银行本票存款",贷记"银行存款"。企业用本票支付购货款等后,根据发票等有关凭证借记"物资采购"、"固定资产"等,贷记"其他货币资金——银行本票存款"。

    如企业因本票超过付款期等原因而要求银行退款,应填制进账单一式两联,连同本票一并送交银行,根据银行收回本票时退回的进账单第一联,作借记"银行存款",贷记"其他货币资金——银行本票存款"相关处理。

    (4)信用卡存款及其核算

    信用卡存款是指企业为取得信用卡,按照规定存入银行的款项。

    存入时借记"其他货币资金——银行卡存款",贷记"银行存款"。企业用信用卡支付购货款等后,根据银行转来的付款凭证及发票借记"物资采购"、"固定资产"、"管理费用"等,贷记"其他货币资金——银行卡存款"。

(5)信用证保证金存款及其核算

信用证保证金存款是指企业为取得信用证按规定存入银行的保证金。信用证是指开证银行根据申请人的要求和指示,向受益人开立的具有一定金额、在一定期限内凭规定的单据在指定地点付款的书面保证文件,并明确规定该信用证为不可撤销、不可转让的跟单信用证。信用证结算方式是国际结算的一种主要方式。

[例3.12] 企业拟购进原材料一批,向银行申请开立信用证,并存入保证金80 000元。企业根据银行退回的进账单记账。

借:其他货币资金——信用证保证金   80 000
　贷:银行存款   80 000

开证行收到所购材料的有关单据后,向企业交来信用证来单通知书,有关单列明材料价款110 000元。

借:物资采购   110 000
　贷:其他货币资金——信用证保证金   80 000
　　银行存款   30 000

(6)存出投资款及其核算

存出投资款是指企业已存入证券公司但尚未进行短期投资的现金。

企业向证券公司划出资金时,应按实际划出的金额,借记“其他货币资金——存出投资款”科目,贷记“银行存款”科目;购买股票、债券等时,按实际发生的金额,借记“短期投资”科目,贷记“其他货币资金——存出投资款”科目。

[例3.13] 企业向长城证券公司划出资金500 000元,准备进行短期投资。

借:其他货币资金——存出投资款   500 000
　贷:银行存款   500 000

企业购入乙公司发行的债券共计300 000元。

借:短期投资   300 000
　贷:其他货币资金——存出投资款   300 000

3.2 应收款项及预付款项的核算

应收及预付款项指的是旅游企业在经营活动中,因商品或劳务的提供而拥有的将来获取现款、商品或劳务的权利。主要包括应收票据、应收账款、预付款项和其他应收款。

3.2.1　应收款项概述

应收款项是指企业在生产经营活动中因商品、产品已经交付或劳务、服务已经提供或因购买货物等而预先支付供货单位货款,从而取得的向其他单位或个人索取货款及劳务补偿的要求权。这种要求权产生于企业的经营活动或非经营活动,包括应收票据、应收账款、预付账款、其他应收款等。

应收票据是指企业持有的还未到期、尚未兑现的商业汇票,是企业因销售商品而收到票据所形成的债权。

应收账款指企业因销售商品、产品或提供劳务或服务而形成的债权。具体说来,应收账款是指企业因销售商品、产品或提供劳务或服务等原因,应向购货客户或接受劳务或服务的客户收取的款项或代垫的运杂费。

预付账款指企业按照购货合同的规定预付给供货方的货款,如预付的材料、商品采购货款、预先发放须在以后收回的农副产品预购定金等。

3.2.2　应收账款的核算

1)应收账款的账户设置

为了核算企业因销售商品、产品、提供劳务等应向购货单位或接受劳务单位收取的款项,企业应设置"应收账款"科目,该科目属于资产类科目,其借方登记企业应收取的款项;贷方登记已收回的款项;期末余额一般在借方,反映尚未收回的各种应收账款。本科目应按不同的收款单位或接受劳务的单位设置明细科目,进行明细核算。

2)应收账款的确认

应收账款的确认如表3.9所示。

表3.9　应收账款的确认

入账时间的确认	与确认营业收入的时间一致
入账金额的确认	1.按实际发生额记账 2.存在现金折扣的情况下,采用总价法记账,即将未减现金折扣的金额作为入账价值,当发生现金折扣时冲减"财务费用"

3）应收账款的会计处理

①客户发生挂账时，按实际发生金额借记"应收账款"，贷记"主营业务收入"等相关账户；

②收到客户交来挂账款项时，借记"库存现金"、"银行存款"等相关账户，贷记"应收账款"。

[**例**3.14]　2007年6月25日客人在东方酒店赊账消费5 000元，东方酒店当日账务处理如下：

借：应收账款　　　　　　　　　　　　　　　　5 000

　　贷：主营业务收入　　　　　　　　　　　　　　5 000

2007年6月30日东方酒店收到上述客人交来5 000元支票支付欠款，账务处理如下：

借：银行存款　　　　　　　　　　　　　　　　5 000

　　贷：应收账款　　　　　　　　　　　　　　　　5 000

4）坏账的处理

坏账是指企业无法收回的应收账款。由于发生坏账而产生的损失，称为坏账损失。坏账损失的核算一般有两种方法，即直接转销法和备抵法。

（1）坏账的确认

坏账的确认如表3.10所示。

表3.10　坏账的确认

确认条件	债务人死亡，以其财产清偿后仍然无法收回
	债务人破产，财产清偿后仍然无法收回
	债务人较长时间内未履行义务，并有足够的证据表明无法收回或收回的可能性极小
不能全额计提坏账准备的情况	当年发生的应收款项
	计划对应收款项进行重组
	与关联方发生的应收款项
	其他已逾期，但无确凿证据表明不能收回的应收款项

（2）坏账的处理

坏账的会计处理如表3.11所示。

表 3.11　坏账的会计处理

核算方法	概　念	业　务	会计处理
直接转销法	指在实际发生坏账时,确认坏账损失,计入期间费用,同时注销该笔应收账款	确认时	借:资产减值损失——坏账损失 　贷:应收账款
		已冲销的应收账款以后又收回时	借:库存现金(银行存款) 　贷:应收账款 同时: 借:应收账款 　贷:资产减值损失——坏账损失
备抵法	是按期估计坏账损失,形成坏账准备,当某一应收账款被确认为坏账时,应根据其金额冲减坏账准备,同时转销相应的应收账款金额	提取坏账准备时	借:资产减值损失——计提的坏账准备 　贷:坏账准备
		发生坏账时	借:坏账准备 　贷:应收账款
		已冲销的应收账款以后又收回时	借:应收账款 　贷:坏账准备 同时: 借:银行存款 　贷:应收账款

注:备抵法按期估计坏账损失,形成坏账准备,计提的方法有应收账款余额百分比法、账龄分析法和销货百分比法 3 种,我国部分行业采取应收账款余额百分比法,按年末应收账款余额的 3%～5% 计提坏账准备金。当期按应收账款余额计提坏账准备时:

①若计提前"坏账准备"科目为借方余额,应按本期估计坏账损失数额加上调整前"坏账准备"科目的借方余额作为本期计提坏账准备的数额。

②若计提前"坏账准备"科目为贷方余额,而且贷方余额小于本期估计坏账损失数额,应按"坏账准备"科目贷方余额小于本期估计坏账损失数额的差额作为本期计提坏账准备的数额。

③若计提前"坏账准备"科目为贷方余额,而且贷方余额大于本期估计坏账损失数额,应按"坏账准备"科目贷方余额大于本期估计坏账损失数额的差额冲减多计提坏账准备的数额。

无论哪种情况,在调整"坏账准备"科目余额后,"坏账准备"科目贷方余额应正好等于本期所估计的坏账数额。

[例3.15]　某旅游企业 2004 年期初"坏账准备"科目余额 2 000 元,2004 年 3 月 15 日实际发生坏账损失 3 000 元,年末应收账款余额 800 000 元;2005 年实际发生坏账损失 1 000 元,年末应收账款余额 1 000 000 元;2006 年实际发生坏账损失 2 600 元,年末应收账款余额 460 000 元。计提百分比为 0.5%。会计

处理如下：

①2004 年 3 月 15 日实际发生坏账损失 3 000 元时：

借：坏账准备　　　　　　　　　　　　　　　　　3 000

　　贷：应收账款　　　　　　　　　　　　　　　　　　3 000

②2004 年末计提坏账准备时：

年末"坏账准备"科目贷方余额为：$800\ 000 \times 0.5\%$ 元 $= 4\ 000$ 元

年末计提坏账准备前"坏账准备"科目为借方余额：3 000 元 $-$ 2 000 元 $=$ 1 000 元

本年应补提坏账准备的数额为：4 000 元 $+$ 1 000 元 $=$ 5 000 元

借：资产减值损失　　　　　　　　　　　　　　　5 000

　　贷：坏账准备　　　　　　　　　　　　　　　　　　5 000

③2005 年实际发生坏账损失 1 000 元时：

借：坏账准备　　　　　　　　　　　　　　　　　1 000

　　贷：应收账款　　　　　　　　　　　　　　　　　　1 000

④2005 年末计提坏账准备时：

年末"坏账准备"科目贷方余额为：$1\ 000\ 000 \times 0.5\%$ 元 $= 5\ 000$ 元

年末计提坏账准备前"坏账准备"科目为贷方余额：4 000 元 $-$ 1 000 元 $=$ 3 000元

本年应补提坏账准备的数额为：5 000 元 $-$ 3 000 元 $=$ 2 000 元

借：资产减值损失　　　　　　　　　　　　　　　2 000

　　贷：坏账准备　　　　　　　　　　　　　　　　　　2 000

⑤2006 年实际发生坏账损失 2 600 元时：

借：坏账准备　　　　　　　　　　　　　　　　　2 600

　　贷：应收账款　　　　　　　　　　　　　　　　　　2 600

⑥2006 年末计提坏账准备时：

年末"坏账准备"科目贷方余额为：$4\ 600 \times 0.5$ 元 $= 2\ 300$ 元

年末计提坏账准备前"坏账准备"科目为贷方余额：5 000 元 $-$ 2 600 元 $=$ 2 400元

本年应冲销多提坏账准备的数额为：2 400 元 $-$ 2 300 元 $=$ 100 元

借：坏账准备　　　　　　　　　　　　　　　　　100

　　贷：资产减值损失　　　　　　　　　　　　　　　　100

3.2.3　应收票据的核算

1）应收票据的分类

①按承兑人不同，商业汇票分为商业承兑汇票和银行承兑汇票。商业承兑

汇票由银行以外的付款人承兑,一般为出票人承兑,也可以是收款人出票交由付款人承兑。银行承兑汇票是在承兑银行开立存款账户的存款人签发,由开户银行承兑付款的票据。银行承兑汇票无收账风险,商业承兑汇票则可能存在付款人拒绝付款的可能。

②按是否计息,可分为不带息商业汇票和带息商业汇票。不带息商业汇票是到期时承兑人只按票面金额支付款项的汇票;带息商业汇票是到期时承兑人必须按票面金额加上应计利息支付票款的汇票。

2)设置会计科目

为了核算销售商品而收到的商业汇票,企业应设置"应收票据"账户,该账户属于资产类,借方登记因销售商品或提供劳务等收到的商业汇票,贷方登记到期收回、转让给其他单位以及向银行办理贴现的商业汇票。期末余额在借方,表示企业持有的尚未到期的商业汇票。

3)应收票据的会计处理举例

[例3.16] 某旅游企业销售商品一批,价款共计30 000元,收到一张不带息6个月到期的商业承兑汇票,面额为30 000元,公司应做如下会计分录:

借:应收票据　　　　　　　　　　　　　　　30 000
　　贷:主营业务收入　　　　　　　　　　　　　　　30 000

应收票据到期收回票款30 000元存入银行,编制如下会计分录:

借:银行存款　　　　　　　　　　　　　　　30 000
　　贷:应收票据　　　　　　　　　　　　　　　30 000

3.2.4　其他应收款和预付账款的核算

1)其他应收款的核算

(1)其他应收款的概念及内容

其他应收款指旅游企业应收账款、应收票据和预付账款以外的其他各种应收、应付款项,包括:

①应收的各种罚款和赔款;

②应收出租包装物的租金;

③应向职工收取的各种垫付款项;

④备用金;

⑤存出的保证金,如租入包装物支付的押金;

⑥预付账款转入；

⑦其他各种应收、暂付款项。

(2)账户设置

为了反映和监督其他应收款的发生和结算情况,企业应设置"其他应收款"科目。该账户属于资产类账户,借方登记各种其他应收款项的发生数;贷方登记各种其他应收款的结算回收数;余额一般在借方,表示期末尚未结算收回的其他应收款项数额。企业发生其他应收款时,借记"其他应收款"账户,贷记"库存现金"、"银行存款"等有关账户。收回款项时,借记"库存现金"、"银行存款"、"管理费用"等有关账户,贷记"其他应收款"账户。

(3)其他应收款的会计核算举例

其他应收款核算以备用金核算举例如下。

①定额备用金。

[例3.17] 某旅游企业备用金制度,核定限额为500元,以现金拨付。根据拨付清单,做会计分录如下:

借:其他应收款——备用金(公共服务部)　　　　　500

　　贷:库存现金　　　　　　　　　　　　　　　　　500

公共服务部持单据从财会部门报销办公费用及娱餐费等280元。根据报销单据编付款凭证,做会计分录如下:

借:管理费用　　　　　　　　　　　　　　　　　　280

　　贷:库存现金　　　　　　　　　　　　　　　　　280

企业决定收回定额备用金时,根据收款凭证,做会计分录如下:

借:库存现金　　　　　　　　　　　　　　　　　　500

　　贷:其他应收款——备用金(公共服务部)　　　　500

②非定额备用金制,是指为了满足暂时性需要而暂付给有关部门和个人现金,使用后实报实销的制度。

[例3.18] 某旅游公司财务人员王强出差预借差旅费2 000元,以现金付讫。编制会计分录如下:

借:其他应收款——备用金——王强　　　　　　　　2 000

　　贷:库存现金　　　　　　　　　　　　　　　　　2 000

接上例,财务人员王强出差返回,报销差旅费1 800元,剩余200元现金交回。编制会计分录如下:

借:管理费用　　　　　　　　　　　　　　　　　　1 800

　　库存现金　　　　　　　　　　　　　　　　　　200

　　　　贷:其他应收款——备用金——王强　　　　　　　　　　2 000

2)预付账款

　　预付账款是指旅游企业按照购货合同规定,预先支付给供货方的款项。预付账款是商业信用的一种形式,它所代表的是企业在将来从供应单位取得材料、物品等的债权,从这个意义上讲,它与应收账款具有类似的性质。但预付账款产生于企业的购货业务,应收账款产生于企业的销货业务,而且两者在将来收回债权的形式也不相同。

　　为了总括地反映企业按照购货合同规定预付给供货方的款项,企业应设置"预付账款"科目进行核算。该科目属于资产类科目,借方登记企业向供货方预付、补付的款项,贷方登记企业收到所购物资的应付金额、退回多付款项以及转出的款项;期末余额一般在借方,反映企业实际预付的款项;期末如为贷方余额,反映企业尚未补付的款项。企业应按供应单位设置明细科目,进行明细核算。

　　预付款项情况不多的企业,也可以不设置"预付账款"科目,将预付的款项直接记入"应付账款"科目的借方。但在期末编制资产负债表时,需分别填列"应付账款"和"预付账款"项目。

　　预付账款按实际付出的金额入账。企业按购货合同规定预付款项时,按预付金额借记"预付账款"科目,贷记"银行存款"科目。企业收到所购物资时,应根据发票账单等列明的应计入购入物资成本的金额,借记"原材料"、"库存商品"等科目,按应付的金额,贷记"预付账款"科目。补付款项时,借记"预付账款"科目,贷记"银行存款"科目。退回多付的款项时,借记"银行存款"科目,贷记"预付账款"科目。

　　[例3.19]　某旅游企业2007年6月16日根据合同规定向B企业预付甲商品的货款30 000元,7月6日收到甲商品,其专用发票上注明价款40 000元,7月18日向B企业补付货款。以上款项均通过银行转账支付。企业应作如下账务处理:

　　6月16日预付货款时:

　　借:预付账款——B企业　　　　　　　　　　　　　　　30 000

　　　贷:银行存款　　　　　　　　　　　　　　　　　　　　30 000

　　7月6日收到商品时:

　　借:库存商品　　　　　　　　　　　　　　　　　　　　40 000

　　　贷:预付账款——B企业　　　　　　　　　　　　　　　40 000

　　7月18日补付货款时:

　　借:预付账款——B企业　　　　　　　　　　　　　　　10 000

贷:银行存款   10 000

本章小结

本章主要介绍了货币资金及应收、预付款的定义,相关管理知识和会计核算方法。由于旅游企业的货币资金总在不断地被使用,进出量大,经手人多,因此必须加强管理工作。同时旅游企业为了扩大营业额,必然会导致应收款项的产生,为了防止和减少坏账的发生,也要加强管理稽核和核算。

本章自测题

一、思考题

1. 现金的使用范围包括哪些?

2. 如何进行现金的清查、银行存款的核对和其他货币资金的账务处理?

3. 其他应收款核算的内容有哪些?

4. 什么是应收账款? 什么是坏账?

二、练习题

练习坏账准备的计提,资料如下:

某旅游企业采用备抵法核算坏账损失,并按应收账款年末余额的 5% 计提坏账准备。2007 年 1 月 1 日,企业应收账款余额为 3 000 000 元,坏账准备余额为 150 000 元。2007 年度,企业发生了如下相关业务:

(1)销售商品一批,增值税专用发票上注明的价款为 5 000 000 元,增值税额为 850 000 元,货款尚未收到。

(2)因某客户破产,该客户所欠货款 10 000 元不能收回,确认为坏账损失。

(3)收回上年度已转销为坏账损失的应收账款 8 000 元并存入银行。

(4)收到某客户以前所欠的货款 4 000 000 元并存入银行。

要求:

(1)编制 2007 年度确认坏账损失的会计分录。

(2)编制收到上年度已转销为坏账损失的应收账款的会计分录。

(3)计算 2007 年末"坏账准备"科目余额。

(4)编制 2007 年末计提坏账准备的会计分录。

存货的核算

【本章导读】

存货是旅游企业重要的流动资产之一。本章主要介绍了存货的概念、分类及计价方法,着重对存货的取得、发出计价及清查进行详细介绍,并对旅游企业几种主要存货的会计处理进行了全面阐述。

【关键词】

存货　先进先出法　加权平均法　移动加权平均法

4.1　存货概述

4.1.1　存货的分类

《企业会计准则——存货》规定,存货是指旅游企业在日常生产经营过程中持有以备出售,或者仍然处在生产过程,或者在生产或提供劳务过程中将消耗的材料或物料等。旅游企业存货一般可做以下分类:

1)按经济用途分类

(1)原材料

原材料是指旅游企业在库或在途的用于生产或加工的各种原材料,以及取得的供生产服务但不构成产品实体的辅助材料、修理用备件。

(2)燃料

燃料是指旅游企业在库或在途的固体、液体和气体等各种燃料。如煤炭、汽油、天然气等。

(3)低值易耗品

低值易耗品是指旅游企业单位价值较低,使用年限较短,不能作为固定资产管理的各种用具物品,如工具、管理用具、玻璃器皿,以及在经营过程中周转使用的包装容器等。

(4)物料用品

物料用品是指旅游企业的除原材料、燃料、低值易耗品以外的经营管理用品。

(5)库存商品

库存商品是指可供销售的物品。包括外购或委托加工完成验收入库用于销售的各种商品。

2)按存放地点分类

可分为库存存货、在途存货、委托加工存货和委托代销存货。

3)按其来源分类

可分为外购存货与自制存货。

4.1.2　存货取得的计价

根据《企业会计准则》的规定,旅游企业的各种存货应当按取得时的实际成本核算。

①购入的存货:按照买价加上与采购事项直接有关的运输费、装卸费、保险费,途中合理损耗,入库前的加工、整理及挑选费用以及缴纳的税金。

②自制的存货:按制造过程中的各项实际支出。

③委托加工的存货:按实际耗用的原材料或半成品加运输费、装卸费、保险费和加工费用及应缴的税金(消费税等,不包括增值税)。

④投资者投入的存货:按照评估确认或者合同、协议约定的价值计价。

⑤盘盈的存货:按同类存货的现行重置成本计价。

⑥接受捐赠的存货:按照发票所列金额加企业负担的运输费、保险费、缴纳的税金等计价。

4.1.3　存货发出的计价

《企业会计准则第1号——存货》规定:企业应当采用先进先出法、加权平均法或者个别计价法确定发出存货的实际成本。每一种方法都有其适用范围。对于不能代替使用的存货,以及为特定项目专门购入或制造的存货,一般应当采用个别计价法确定发出存货的成本。以下分别介绍这些方法。

1）先进先出法

先进先出法是假定先收到的存货先发出，或先收到的存货先耗用，并根据这种假定的存货流转次序对发出存货和期末存货进行计价。

[**例**4.1] 某企业2007年甲种存货明细账如表4.1所示。

表4.1 存货明细表

存货类别： 计量单位：千克
存货编号： 最高存量：
存货名称及规格：甲材料 最低存量：

2007年		凭摘编号	摘要	收入			发出			结存		
月	日			数量	单价	金额	数量	单价	金额	数量	单价	金额
1	1		期初余额							300	50	15 000
	10		购入	900	60	54 000				300	50	15 000
										900	60	54 000
	11	略	发出				300	50	15 000	400	60	24 000
							500	60	30 000			
	18		购入	600	70	42 000				400	60	24 000
										600	70	42 000
	20		发出				400	60	24 000	200	70	14 000
							400	70	28 000			
	23		购入	200	80	16 000				200	70	14 000
										200	80	16 000
1	31		本月发生额	1 700	—	112 000	1 600	—	97 000	200	70	14 000
										200	80	16 000

2）加权平均法

加权平均法是根据期初结存存货和本期收入存货的数量和实际成本，期末一次计算存货的本月加权平均单价，作为计算本期发出存货成本和期末结存存货成本的单价，以求得本期发出存货成本和期末结存存货成本的一种方法。

有关计算公式如下：

$$加权平均成本 = \frac{期初结存存货实际成本 + 本期收入存货实际成本}{期初结存存货数量 + 本期收入存货数量}$$

$$本期发出存货成本 = 本期发出存货数 \times 加权平均单价$$

$$期末结存存货成本 = 期末结存存货数量 \times 加权平均单价$$

计算出的加权平均单价不一定是整数,往往要小数点后四舍五入,为保持账面数字之间的平衡关系,一般采用倒挤成本法计算发出存货的成本。

[例4.2] 仍以上例甲材料存货明细账为例,采用加权平均法计算其存货成本如下:

$$甲材料平均单位成本 = \frac{15\ 000 + 54\ 000 + 42\ 000 + 16\ 000}{300 + 900 + 600 + 200}元 = 63.5\ 元$$

本月发出甲材料成本 = $1\ 600 \times 63.5$ 元 = $101\ 600$ 元

月末库存甲材料成本 = 400×63.5 元 = $25\ 400$ 元

采用加权平均法,只在月末一次计算加权平均单价,比较简单,但是,这种方法无法从账上提供发出和结存存货的单价及金额,不利于加强对存货的管理。

3)移动平均法

移动平均法亦称移动加权平均法,是指每次(批)收货以后,如果其单价与库存的不同,则立即根据库存存货数量和成本,计算出新的移动平均单价的一种方法。

移动平均法与上面所讲的加权平均法的计算原理基本相同,只是要求在每次(批)收入存货时重新计算加权平均单价。有关计算公式如下:

$$移动平均单价 = \frac{以前结存存货实际成本 + 本次(批)收入存货实际成本}{以前结存存货数量 + 本次(批)收入存货数量}$$

[例4.3] 以例4.2甲材料存货明细账为例做表说明:

表4.2 存货明细表

存货类别: 计量单位:千克

存货编号: 最高存量:

存货名称及规格:甲材料   最低存量:

2007年		凭摘编号	摘要	收入			发出			结存		
月	日			数量	单价	金额	数量	单价	金额	数量	单价	金额
1	1		期初余额							300	50	15 000
	10		购入	900	60	54 000				1200	57.5	69 000
	11	略	发出				800	57.5	46 000	400	57.5	23 000
	18		购入	600	70	42 000				1 000	65	65 000
	20		发出				800	65	52 000	200	65	13 000
	23		购入	200	80	16 000				400	72.5	29 000
1	31		本月发生额	1 700	—	112 000	1 600	—	98 000	400	72.5	29 000

移动加权平均法的优点在于能使管理当局及时了解存货的结存情况,而且计算的平均单位成本以及发出和结存的存货成本比较客观。但采用这种方法,每次收货都要计算一次平均单价,计算工作量较大,对收发货较频繁的企业不适用。

4)个别计价法

个别计价法,又称个别认定法、具体辨认法、分批实际法,是以每次(批)收入存货的实际成本作为计算各次(批)发出存货成本的依据。有关计算公式如下:

每次(批)存货发出成本 = 该次(批)存货发出数量 × 该次(批)存货的单位成本

上述几种方法,属于企业按实际成本计价时存货发出的计价方法,企业可以根据自己的具体情况选用,但计价方法一经确定,不得随意变更。

4.2 存货的核算

4.2.1 原材料的核算

旅游企业的原材料一般是指需要经过加工才能成为商品出售的原料。

1)设置"原材料"科目

"原材料"科目用来核算企业在库、在途的各种原材料的实际成本。"原材料"是资产类科目,原材料增加(如购进)记借方,减少(如领用)记贷方,期末余额在借方,反映库存原材料的实际成本,本科目应按各种原材料设置明细账。

2)原材料购入的核算

旅游企业购入原材料的进货地点,有本地也有外地;其结算方式有现金结算也有通过银行转账结算。购入的材料按照付款和验收入库的先后顺序不同,都可能存在以下 3 种情况,即:付款和收料在同一日、先付款后收料以及先收料后付款。下面分别介绍 4 种情况下购入材料的核算。

(1)款付料已到

对于发票账单与材料同时到达的采购业务,企业在支付货款或开出承兑商业汇票,材料验收入库后,应根据发票账单等结算凭证确定的材料成本,借记"原材料"科目,按照实际支付的款项或应付票据面值,贷记"银行存款"、"应付票据"等科目。

[例4.4]　某酒店自本地购进大米一批,以银行存款支付款项5 000元,另以现金支付运杂费100元。该批面粉已验收入库。财会部门根据审核后的"收料单"和支票存根,编制会计分录如下:

　　　借:原材料——主食类　　　　　　　　　　　　　　5 100

　　　　贷:银行存款　　　　　　　　　　　　　　　　　　5 000

　　　　　库存现金　　　　　　　　　　　　　　　　　　 100

(2)款付料未到

对于已经付款或已开出、承兑的商业汇票,但材料尚未到达或尚未验收入库的采购业务,应根据发票账单等结算凭证,借记"原材料——在途原材料",贷记"银行存款"、"应付票据"等科目;待材料到达、验收入库后,再根据收料单,借记"原材料"科目,贷记"原材料——在途原材料"科目。

[例4.5]　某旅游企业向北京照相器材厂购买一批照相器材,2007年7月28日已电汇5 000元,对方已发货,但货要5日后到达,28日根据电汇凭证编制会计分录如下:

　　　借:原材料——在途原材料　　　　　　　　　　　　5 000

　　　　贷:银行存款　　　　　　　　　　　　　　　　　　5 000

5日后到达,器材验收入库,再根据收料单,编制会计分录如下:

　　　借:原材料——照相材料　　　　　　　　　　　　　5 000

　　　　贷:原材料——在途原材料　　　　　　　　　　　　5 000

(3)料到款未付

旅游企业购入材料,如果材料已到达企业并已验收入库,而货款尚未支付。应区分以下两种未付款的情况进行会计处理:一是虽已接到结算凭证,但因存款不足或其他原因暂时不能付款;二是因未接到结算凭证而无法付款。

第一种情况:材料入库,结算凭证也已到达。

在此情况下,因双方的购销关系已经确立,因此,旅游企业应通过"应付账款"账户反映应付给供货方的货款情况。材料验收入库时借记"原材料"账户,贷记"应付账款"账户;付款时,按实际支付金额借记"应付账款"账户,贷记"银行存款"等账户。

[例4.6]　假定例4.5中购入的照相材料先到达并验收入库,且收到银行转来的结算凭证,但因存款不足尚未付款,则在材料验收入库时,应根据有关凭证编制会计分录如下:

　　　借:原材料——照相材料　　　　　　　　　　　　　6 000

　　　　贷:应付账款——北京照相器材厂　　　　　　　　　　6 000

　　实际支付材料款时,根据有关凭证编制会计分录如下:

　　　　借:应付账款——北京照相器材厂　　　　　　　6 000

　　　　　贷:银行存款　　　　　　　　　　　　　　　　　6 000

　　第二种情况:材料验收入库,结算凭证未到。

　　在此情况下,一般几天之内即可收到结算凭证,因此,为简化核算,可先不进行总分类核算,待结算凭证到达付款后,再作付款和收料的账务处理。但到月末,如果结算凭证尚未到达,为真实反映旅游企业月末资产和负债的情况,可先按暂估价(一般为合同价或计划价)入账,并在"应付账款"账户下设"暂估应付账款",账户核算暂估的应付账款。月末,按暂估价入账时,借记"原材料"账户,贷记"应付账款——暂估应付账款"账户;下月初用红字冲销;付款时,再同时作收料和付款的账务处理。

　　[例4.7]　假定春风照相馆购进的材料已验收入库,但月末尚未收到结算凭证,按合同价格6 500元暂估入账。春风照相馆估价入账时,根据有关凭证编制会计分录如下:

　　　　借:原材料——照相材料　　　　　　　　　　6 500

　　　　　贷:应付账款——暂估应付账款　　　　　　　　6 500

　　下月初,用红字金额冲销上述分录,编制会计分录如下:

　　　　借:原材料——照相材料　　　　　　　　　6 500(红字)

　　　　　贷:应付账款——暂估应付账款　　　　　　6 500(红字)

　　收到该批材料结算凭证付款时,根据有关凭证编制会计分录如下:

　　　　借:原材料——照相材料　　　　　　　　　　6 000

　　　　　贷:银行存款　　　　　　　　　　　　　　　6 000

　　(4)先预付货款后收到原材料

　　旅游企业根据合同规定预付原材料款时,应借记"预付账款(或应付账款)"账户,贷记"银行存款"等账户。收到所购买的原材料并验收入库后,应借记"原材料"等账户,贷记"预付账款(或应付账款)"账户。与供货方清算预付货款,多退少补时,对于收到供货方退回的多付货款,应借记"银行存款"账户,贷记"预付账款(或应付账款)"账户;对于补付的货款,则借记"预付账款(或应付账款)"账户,贷记"银行存款"账户。

　　[例4.8]　某旅游企业按合同规定,通过银行预付给甲公司购料款20 000元。根据有关凭证编制会计分录如下:

　　　　借:预付账款(或应付账款)——甲公司　　　　10 000

  贷:银行存款   10 000
  收到预购的原材料并验收入库,款项计 30 000 元,根据有关凭证编制会计
分录如下:
  借:原材料——××   30 000
    贷:预付账款(或应付账款)——甲公司   30 000
  通过银行划拨,补付其余货款时,根据有关凭证编制会计分录如下:
  借:预付账款(或应付账款)——甲公司   20 000
    贷:银行存款   20 000

3)原材料发出的核算

  旅游企业各部门从仓库领用原材料时要填写领料单,由于企业材料的日常
领发业务频繁,为了简化日常核算工作,平时一般只登记材料明细分类账,反映
各种材料的收发和结存金额,月末根据按实际成本计价的发料凭证,按领用部门
和用途,汇总编制"发料凭证汇总表",据以登记总分类账,进行材料发出的总分
类核算。

  根据"发料凭证汇总表",按实际成本,借记"生产成本"、"营业费用"、"管
理费用"等科目,贷记"原材料"科目。

  [例4.9] 东方酒店 2007 年 1 月根据领用凭证编制的"材料发出汇总表",
如表4.3 所示。

表4.3 材料发出汇总表

东方酒店   2007 年 1 月   单位:元

材料用途 \ 材料类别	甲材料	其他材料
中餐厅领用	50 000	
西餐厅领用	25 000	
客房领用	5 000	略
合　计	80 000	

  根据上述"材料发出汇总表",结转发出材料实际成本时,会计分录为:
  借:生产成本——中餐厅   50 000
    生产成本——西餐厅   25 000
    营业费用——客房   5 000

贷:原材料   80 000

4.2.2 燃料的核算

1)设置"燃料"科目

旅游企业的燃料是指用于生产加工、取暖、热水等方面的固体、液体和气体燃料,在"燃料"账户核算。"燃料"账户是资产类账户,用以核算企业库存和在途燃料的实际成本。购入时,记入借方;领用时,记入贷方;余额表示库存燃料的实际成本。"燃料"账户应按品种进行明细分类核算。

2)燃料采购的核算

购入燃料可比照原材料的核算程序办理。

①以支票直接采购燃料,货已验收,其账务处理为借记"燃料"科目,贷记"银行存款"科目。

②交款自提采购燃料,取得发票和提货单时,借记"燃料——在途燃料"科目,贷记"银行存款"科目。当燃料提回,货已验收,根据验收单,借记"燃料"科目,贷记"燃料——在途燃料"科目。

3)燃料领用的核算

旅游企业耗用的燃料以月末结转用量计算成本,应区别不同的情况进行核算。餐饮、浴池业经营中耗用的燃料列入"营业成本"账户,借记"营业成本",贷记"燃料"。

其他旅游企业耗用的燃料作为期间费用直接记入当期损益,将从营业收入中得到补偿。这部分期间费用应根据耗用的部门不同,作出不同的账务处理。若是饭店的餐饮部门或者不独立核算的车队耗用的燃料,应列入"营业费用"账户;借记"营业费用",贷记"燃料";其他企业和部门耗用的燃料则应列入"管理费用"账户,借记"管理费用",贷记"燃料"。

4.2.3 物料用品的核算

1)设置"物料用品"科目

核算旅游企业在库、在途的除原材料、燃料、低值易耗品以外的经营管理用品的实际成本时,旅游企业购入的物料用品应比照"原材料"科目的方法进行核算。领用物料用品时,借记"营业费用"、"管理费用"等科目,贷记本科目。本科目的期末余额反映在库物料用品的实际成本。

2）物料用品购进的核算

旅游企业随着接待、服务业务的经营,所需物料用品种类多、耗量大。对于物料用品采购可从市场上直接进货,也可向生产厂家预先定制标明本单位标记的物料用品。预先订货结算方式由双方协商决定。以上两种进货方式具体核算如下:

①市场直接进货,应根据对方发货票、本单位仓库保管员物品验收入库单及银行付款凭证,借记"物料用品"科目,贷记"银行存款"科目。

②向生产厂家预付货款,根据合同规定生产厂家按期发货。当预付款项时,借记"应收账款"或"预付账款"科目,贷记"银行存款"科目;收到物料用品验收入库时,借记"物料用品"科目,贷记"应收账款"或"预付账款"科目。

3）物料用品领用的核算

各业务经营部门所需物料用品需填制"领料单"或"领料登记表",经本部门领导签字到仓库领用,月末财务部门凭领料单数额计算各部门物料用品的实际耗用,借记"营业费用"、"管理费用"等科目,贷记"物料用品"科目。

4.2.4　低值易耗品的核算

1）设置"低值易耗品"科目

"低值易耗品"科目是资产类科目,用来核算企业在库低值易耗品的实际成本。购入的低值易耗品,比照"原材料"科目的方法进行核算。

2）低值易耗品购进的核算

当企业购入低值易耗品时,按其实际成本,借记"低值易耗品——在库低值易耗品",贷记"银行存款"、"应付账款"等有关科目。

3）低值易耗品的领用和摊销的核算

《企业会计准则》规定,企业应当采用一次转销法或者五五摊销法对低值易耗品进行摊销,计入相关资产的成本或者当期损益。其会计处理如表4.4所示。

表4.4　低值易耗品的领用和摊销的核算

摊销方法	会计处理
一次摊销法	领用时： 借：主营业务成本（管理费用、营业费用等） 　贷：低值易耗品 报废时，按残料价值： 借：原材料 　贷：主营业务成本（管理费用、营业费用等）
五五摊销法	领用时： 借：低值易耗品——在用 　贷：低值易耗品——在库 当月摊销一半价值时： 借：主营业务成本（管理费用、营业费用等） 　贷：低值易耗品——在用 报废时再摊销另一半价值时： 借：主营业务成本（管理费用、营业费用等） 　贷：低值易耗品——在用 如果有残料时： 借：原材料 　贷：主营业务成本（管理费用、营业费用等）

[例4.10]　某旅游公司管理部门领用柜台10只，账面实际成本为每只300元，报废时没有残料，采用一次摊销法，会计分录如下：

借：管理费用——低值易耗品摊销　　　　　　　　　　3 000
　贷：低值易耗品　　　　　　　　　　　　　　　　　　　3 000

如采用五成摊销法，其会计分录如下：

领用时：

借：低值易耗品——在用——柜台　　　　　　　　　　3 000
　贷：低值易耗品——在库——柜台　　　　　　　　　　　3 000

当月摊销时：

借：管理费用——低值易耗品摊销　　　　　　　　　　1 500
　贷：低值易耗品——低值易耗品摊销　　　　　　　　　1 500

报废时：

借：管理费用——低值易耗品摊销　　　　　　　　　　1 500
　贷：低值易耗品——低值易耗品摊销　　　　　　　　　1 500

4.3 存货清查的核算

4.3.1 存货清查概述

1) 存货清查的概念及意义

存货清查是指旅游企业通过对存货进行实物盘点和核对,进而确定各项存货的实存数与账存数是否相符的一种方法。因为旅游企业存货的品种繁多、规格多样、数量较大,并且日常收发领退业务较为频繁,所以,旅游企业在存货的核算和管理方面,除了要根据有关存货的收发凭证及时记录存货的增减变化情况之外,还要对存货进行清查,每年至少盘点一次。

通过存货清查,一方面可以查清账实不符的原因,及时发现存货管理上存在的问题,并采取相应措施,建立和完善必要的手续和审核制度,保证存货的安全和完整;另一方面,可以检查分析企业的各种存货有无超储积压、损坏变质等现象,以便及时处理。

2) 存货清查的方法和程序

存货清查的方法主要有 3 种:一是技术推算盘点法,适用于那些堆存量大,不便于逐一清点的财产物资;二是实地盘点法,是指通过逐一清点或采用计量器具来测定存货实存数量的方法,这种方法适用于对大多数财产物资的清查;三是抽样盘存法,是指对于数量、重量均匀的实物财产,可以采用抽样盘点的方法,确定存货的实有数额。

旅游企业对存货进行清查盘点,应当编制“存货盘存报告单”,并将其作为存货清查的原始证明。在“盘存单”上列明账存数和实存数;若实存数大于账面数,表明存货发生盘盈;反之,则表明存货发生盘亏。对于盘盈、盘亏的存货应编制“存货盘盈盘亏报告表”。

4.3.2 存货清查的核算

1) 存货盘盈的核算

企业在财产清查中盘盈的存货,根据“存货盘存报告单”所列的金额,编制

会计分录如下：

借：原材料（燃料、低值易耗品、物料用品、库存商品）

　　贷：待处理财产损溢——待处理流动资产损溢

盘盈的存货，通常是由企业日常收发计量上的差错造成的，其盘盈的存货按规定手续报经批准后，可冲减管理费用，编制会计分录如下：

借：待处理财产损溢——待处理流动财产损溢

　　贷：管理费用——存货盘亏和亏损

2）存货的盘亏核算

旅游企业对盘亏的存货，根据"存货盘存报告单"，编制如下会计分录：

借：待处理财产损溢——待处理流动资产损溢

　　贷：原材料（燃料、低值易耗品、物料用品、库存商品）

对于盘亏的存货应根据造成盘亏的原因，分情况进行转账：

①属于定额内损耗以及存货日常收发计量上的差错，经批准后转入管理费用。

借：管理费用

　　贷：待处理财产损溢——待处理流动财产损溢

②属于应由过失人赔偿的损失，应作为其他应收款处理。

借：其他应收款

　　贷：待处理财产损溢——待处理流动资产损溢

③属于自然灾害等不可抗拒的原因而发生的存货损失，应作为营业外支出处理。

借：营业外支出——非常损失

　　贷：待处理财产损溢——待处理流动资产损溢

④属于无法收回的其他损失，经批准后记入"管理费用"科目，编制会计分录如下：

借：管理费用

　　贷：待处理财产损溢——待处理流动资产损溢

旅游企业存货的清查盘点，可分为定期盘点和不定期盘点两种。定期盘点一般在月末、季末、年终进行。不定期盘点是指临时性的盘点以及发生事故损失、会计交接、存货调价时进行的盘点清查。

本章小结

通过本章的学习,应对存货的概念及范围有较全面的了解,理解和熟悉存货取得和发出的计价方法,灵活与综合运用存货取得、发出以及清查的基本核算。本章的重点是存货的入账价值确定,发出存货计价方法,原材料、燃料、物料用品的账务处理。

本章自测题

一、思考题

1. 什么是旅游企业的存货? 它包括哪些内容?

2. 取得存货如何计价?

3. 什么是存货清查? 为什么要进行存货清查? 存货清查是如何核算的?

二、练习题

练习原材料的核算。

某旅游企业,原材料采用实际成本核算,原材料发出采用月末一次加权平均法计价。2006 年 4 月,与 A 材料相关的资料如下:

(1)1 日,"原材料——A 材料"科目余额 20 000 元(共 2 000 千克,其中含 3 月末验收入库但因发票账单未到而以 2 000 元暂估入账的 A 材料 200 千克)。

(2)5 日,收到 3 月末以暂估价入库 A 材料的发票账单,货款 21 066 元,对方代垫运输费 400 元,全部款项已用转账支票付讫。

(3)8 日,以汇兑结算方式购入 A 材料 3 000 千克,发票账单已收到,货款 36 000 元,增值税额 6 120 元,运输费用 1 000 元。材料尚未到达,款项已由银行存款支付。

(4)11 日,收到 8 日采购的 A 材料,验收时发现只有 2 950 千克。经检查,短缺的 50 千克确定为运输途中的合理损耗,A 材料验收入库。

(5)18 日,持银行汇票 80 000 元购入 A 材料 5 000 千克,增值税专用发票上注明的货款为 49 500 元,增值税额为 8 415 元,另支付运输费用 2 000 元,材料已验收入库,剩余票款退回并存入银行。

(6)21 日,基本生产部门自制 A 材料 50 千克验收入库,总成本为 600 元。

(7)30 日,根据"发料凭证汇总表"的记录,4 月份基本生产部门为生产产品领用 A 材料 6 000 千克,生产管理部门管理人员领用 A 材料 1 000 千克,企业管

理部门领用 A 材料 1 000 千克。

要求：

(1)计算甲企业 4 月份发出 A 材料的单位成本。

(2)根据上述资料,编制甲企业 4 月份与 A 材料有关的会计分录。(答案中的金额单位用元表示)

第 5 章
长期股权投资和金融资产

【本章导读】

本章介绍了长期股权投资概念、投资成本的确认、成本法和权益法下长期股权投资的会计核算方法以及主要金融资产核算内容和相关会计处理方法。

【关键词】

长期股权投资　交易性金融资产　持有至到期金融资产　成本法　权益法

5.1　投资概述

5.1.1　投资的范围

旅游企业除正常经营外,可以利用暂时闲置的资金对外投资以获得一定的经济利益,对外投资已成为旅游企业获取经济效益、更好地开展经营活动的一种手段。投资是企业为了获得收益或实现资本增值向被投资单位投放资金的经济行为。原企业会计制度通常把投资分为短期投资和长期投资。新会计准则按国际上通用的标准将投资分为交易性金融资产、可供出售金融资产、持有至到期投资和长期股权投资。在这种分类下过去的短期投资、应收款项、债券投资等,现在称为金融资产。按金融资产持有的目的不同分为交易性金融资产、准备持有至到期金融资产、应收款项及贷款、可供出售金融资产。

5.1.2 长期股权投资

1)长期股权投资的概念

长期股权投资是指企业持有时间准备超过一年(不含一年)的各种股权性质的投资,包括购入的股票和其他股权投资。企业进行长期股权投资,目的在于通过股权投资控制被投资单位,或对被投资单位施加重大影响,或为长期盈利。

2)长期股权初始投资成本的确认

根据新的企业会计准则规定,长期股权投资初始投资成本的确认要区分企业合并和非企业合并形成的长期股权投资两种。本章主要讲解非企业合并形成的长期股权投资。除企业合并形成的长期股权投资以外,其他方式取得的长期股权投资,其初始投资成本的确定为:

①以支付现金取得的长期股权投资,应当按照实际支付的购买价款作为初始投资成本。初始投资成本包括与取得长期股权投资直接相关的费用、税金及其他必要支出。

②以发行权益性证券取得的长期股权投资,应当按照发行权益性证券的公允价值作为初始投资成本。

③投资者投入的长期股权投资,应当按照投资合同或协议约定的价值作为初始投资成本,但合同或协议约定价值不公允的除外。

④通过非货币性资产取得的长期股权投资,其初始投资成本应当按照《企业会计准则第7号——非货币性资产》确定。

⑤通过债务重组取得的长期股权投资,其初始投资成本应当按照《企业会计准则第12号——债务重组》确定。

3)长期股权投资的核算

(1)设置会计科目

设置"长期股权投资"一级科目,"长期股权投资"是资产类科目,长期股权增加记借方,减少记贷方,并按核算方法的需要设置二级科目"成本"(投资时)、"损益调整"(投资后)、"其他权益变动"(投资后)等。

(2)成本法

①成本法的概念。成本法是指投资按投资成本计价的方法。采用成本法核算的长期股权投资应当按照初始投资成本计价,追加或收回投资应当调整长期股权投资的成本。

②核算方法。投资时按投资成本计价,追加或收回投资应当调整长期股权投资的成本。

被投资单位宣告分派的现金股利或利润,确认为当期投资收益。投资企业确认投资收益,仅限于被投资单位接受投资后产生的累积净利润的分配额,所获得的利润或现金股利超过上述数额的部分作为初始投资成本的收回。

③成本法的适用范围。根据新准则的规定,成本法的适用范围:一是投资企业能够对被投资单位实施控制的长期股权投资;二是投资企业对被投资单位不具有共同控制或重大影响,并且在活跃市场中没有报价、公允价值不能可靠计量的长期股权投资。

归纳:在实际工作中,通常持股比例<20%时,不具有重大影响,采用成本法核算;20%≤持股比例≤50%时,具有重大影响或共同控制,采用权益法核算;持股比例>50%时,具有控制作用,采用成本法核算。

④核算举例。

[例5.1]　某旅游企业2006年3月5日从证券二级市场买A公司股票150 000股,准备长期持有,每股买入价为8.7元,其中每股价格中包含有已经宣告尚未支付的现金股利0.20元,支付相关税费5 000元。

借:长期股权投资——股票投资——A公司　　　　　1 280 000

　　应收股利——A公司　　　　　　　　　　　　　　30 000

　　贷:银行存款　　　　　　　　　　　　　　　　　　　1 310 000

[例5.2]　A公司于2006年4月30日宣告分派2006年的现金股利30 000元。

借:银行存款　　　　　　　　　　　　　　　　　　30 000

　　贷:应收股利——A公司　　　　　　　　　　　　　　30 000

设该企业于第二年5月11日收到A公司发放的现金股利5 000元。

借:银行存款　　　　　　　　　　　　　　　　　　5 000

　　贷:投资收益　　　　　　　　　　　　　　　　　　5 000

(3)权益法

①权益法的概念。权益法,指长期股权投资最初以初始投资成本计价,以后根据投资企业享有被投资单位所有者权益份额的变动对投资的账面价值进行调整的方法。

②权益法的核算方法。投资时根据新的企业会计制度的规定,长期股权投资的初始投资成本大于投资时应享有被投资单位可辨认净资产公允价值份额的,不调整长期股权投资的初始投资成本;长期股权投资的初始投资成本小于投

资时应享有被投资单位可辨认净资产公允价值份额的,其差额应当计入当期损益,同时调整长期股权投资的成本。

投资企业取得长期股权投资后,应当按照应享有或应分担的被投资单位实现的净损益的份额,确认投资损益并调整长期股权投资的账面价值。投资企业确认被投资单位发生的净亏损,应当以长期股权投资的账面价值以及其他实质上构成对被投资单位净投资的长期权益减记至零为限。投资企业按照被投资单位宣告分派的利润或现金股利计算应分得的部分,相应减少长期股权投资的账面价值。

③适用范围。根据新的企业会计制度规定,投资企业对被投资单位具有共同控制或重大影响的长期股权投资,采用权益法核算。

④核算举例。

[例5.3] 甲公司2006年1月1日以银行存款200万元购入乙公司40%的表决权资本。乙公司2006年1月1日所有者权益为400万元,公允价值为450万元。假定乙公司的净资产全部为可辨认净资产。

初始投资成本(200万元)大于投资时应享有乙公司所有者权益的公允价值份额(160万元),因此有关的会计处理为:

借:长期股权投资——乙公司(投资成本) 2 000 000
　贷:银行存款 2 000 000

长期股权投资的初始投资成本小于投资时应享有被投资单位可辨认净资产公允价值份额的,其差额应当计入当期损益。

[例5.4] 假定例5.3中乙公司所有者权益为550万元,公允价值为600万元。其他条件不变。初始投资成本200万元与应享有被投资单位可辨认净资产公允价值份额240万元的差额40万元,应确认为当期损益。有关的会计处理为:

借:长期股权投资——乙公司(投资成本) 2 400 000
　贷:银行存款 2 000 000
　　投资收益 400 000

假如2006年乙公司发生盈利100万元,甲公司有关的会计处理为:

借:长期股权投资——乙公司(损益调整) 400 000
　贷:投资收益 400 000

又假如被投资单位乙公司发生亏损50万元,甲公司有关的会计处理为:

借:投资收益 200 000
　贷:长期股权投资——乙公司(损益调整) 200 000

被投资单位乙公司宣告分派现金股利30万,甲公司有关的会计处理为:

借:应收股利　　　　　　　　　　　　　　　　120 000

　　贷:长期股权投资——××公司(损益调整)　　120 000

(4)成本法与权益法的转换

①权益法转为成本法。根据新准则的规定,投资企业因减少投资等原因对被投资单位不再具有共同控制或重大影响的,并且在活跃市场中没有报价、公允价值不能可靠计量的长期股权投资,应当改按成本法核算,并以权益法下长期股权投资的账面价值作为按照成本法核算的初始投资成本。

②成本法转为权益法。新准则规定,因追加投资等原因能够对被投资单位实施共同控制或重大影响但不构成控制的,应当改按权益法核算,并以成本法下长期股权投资的账面价值或按照《企业会计准则第22号——金融工具确认和计量》确定的投资账面价值作为按照权益法核算的初始投资成本。

(5)长期股权投资减值的处理

企业在年末检查长期股权投资时,对长期股权投资的可收回金额低于其账面价值的,应计提减值准备。计提时:

借:投资收益

　　贷:长期投资减值准备

[例5.5]　2006年12月31日甲公司占乙公司有表决权股本的20%,该长期股权投资的账面价值为3 000万元,根据相关资料分析得知,该长期股权投资目前的可收回金额为2 480万元。

则根据以上资料分析得知,该项投资发生减值损失520万元,企业需计提减值准备520万元。分录如下:

借:投资收益　　　　　　　　　　　　　　　　520

　　贷:长期股权投资减值准备　　　　　　　　　520

(6)长期股权投资的处置

长期股权投资的处置应注意的两点:

①处置长期股权投资,其账面价值与实际取得价款的差额,应当计入当期损益。

②采用权益法核算的长期股权投资,因被投资单位除净损益以外所有者权益的其他变动计入所有者权益,处置该项投资时应当将原计入所有者权益的部分按相应比例转入当期损益。

[例5.6]　接例5.5,2007年8月10日将上述股本以2 800万元转让给丁公司,分录如下:

借:银行存款　　　　　　　　　　　　　　　　　28 000 000

　　长期股权投资减值准备　　　　　　　　　　　　5 200 000

　　贷:长期股权投资　　　　　　　　　　　　　　30 000 000

　　　　投资收益　　　　　　　　　　　　　　　　3 200 000

5.2　金融资产的核算

新准则取消了"长期债权投资"、"短期投资"科目,而重分类为"交易性金融资产"、"持有至到期投资"和"可供出售金融资产"科目。

5.2.1　交易性金融资产的核算

1)设置会计科目

根据《企业会计准则——22号》金融性资产核算相关内容,短期投资已经改成"交易性金融资产"。

"交易性金融资产",账户性质属于资产类账户,交易性金融资产增加记借方,减少记贷方,期末借方余额,反映企业持有的交易性金融资产的公允价值,并分类"成本"、"公允价值变动"进行明细核算。

本科目核算企业持有的为交易目的持有的债券投资、股票投资、基金投资、权证投资等交易性金融资产的公允价值。企业持有的直接指定为以公允价值计量且其变动计入当期损益的金融资产,也在本科目核算。

2)主要账务处理

①企业取得交易性金融资产时,按其公允价值(不含支付的价款中所包含的、已到付息期但尚未领取的利息或已宣告但尚未发放的现金股利),借记本科目(成本),按发生的交易费用,借记"投资收益"科目,按已到付息期但尚未领取的利息或已宣告发放但尚未发放的现金股利,借记"应收利息"或"应收股利"科目,按实际支付的金额,贷记"银行存款"、"存放中央银行款项"等科目。

[例5.7]　某旅游企业2007年5月10日购入甲公司股票10万股,每股5元,支付交易费用2 000元,其会计处理如下:

借:交易性金融资产——甲公司股票(成本)　　　　500 000

　　投资收益　　　　　　　　　　　　　　　　　　2 000

　　贷:银行存款　　　　　　　　　　　　　　　　　　502 000

　　②持有交易性金融资产期间,被投资单位宣告发放现金股利或在资产负债表日按债券票面利率计算利息时,借记"应收股利"或"应收利息"科目,贷记"投资收益"科目。收到现金股利或债券利息时,借记"银行存款"科目,贷记"应收股利"或"应收利息"科目。票面利率与实际利率差异较大的,应采用实际利率计算确定债券利息收入。

　　[例5.8]　接例5.7,假如甲公司6月8日宣告发放现金股利,每股0.12元,其会计处理如下:

　　借:应收股利　　　　　　　　　　　　　　　　　　12 000

　　　贷:投资收益　　　　　　　　　　　　　　　　　12 000

　　③资产负债表日,交易性金融资产的公允价值高于其账面余额的差额,借记本科目(公允价值变动),贷记"公允价值变动损益"科目;公允价值低于其账面余额的差额,做相反的会计分录。

　　[例5.9]　接例5.7,甲公司股票9月30日公允价值每股6元,其会计处理如下:

　　借:交易性金融资产——甲公司股票——(公允价值变动)

　　　　　　　　　　　　　　　　　　　　　　100 000

　　　贷:公允价值变动损益　　　　　　　　　　　　　100 000

　　④出售交易性金融资产时,应按实际收到的金额,借记"银行存款"、"存放中央银行款项"等科目,按该金融资产的成本,贷记本科目(成本),按该项交易性金融资产的公允价值变动,贷记或借记本科目(公允价值变动),按其差额,贷记或借记"投资收益"科目。同时,按该项交易性金融资产的公允价值变动,借记或贷记"公允价值变动损益"科目,贷记或借记"投资收益"科目。

　　[例5.10]　接例5.7,10月13日该企业出售甲公司股票10万股,售价每股6.8元,其会计处理如下:

　　借:银行存款　　　　　　　　　　　　　　　　　　680 000

　　　贷:交易性金融资产——甲公司股票(成本)　　　　500 000

　　　　　　　　　　　——甲公司股票(公允价值变动)　100 000

　　　　投资收益　　　　　　　　　　　　　　　　　　80 000

同时:

　　借:公允价值变动损益　　　　　　　　　　　　　　100 000

　　　贷:投资收益　　　　　　　　　　　　　　　　　100 000

5.2.2 持有至到期投资核算

1）设置会计科目：设置"持有至到期投资"科目

"持有至到期投资"账户性质属于资产类账户，持有至到期投资增加记借方，减少记贷方，期末借方余额，反映企业持有至到期投资的摊余成本。

该科目核算企业持有至到期投资的价值。企业委托银行或其他金融机构向其他单位贷出的款项，也在本科目核算。应当按照持有至到期投资的类别和品种，分别"投资成本"、"溢折价"、"应计利息"进行明细核算。

2）主要账务处理

①企业取得的持有至到期投资，应按取得该投资的公允价值与交易费用之和，借记本科目（投资成本、溢折价），贷记"银行存款"、"应交税费"等科目。

购入的分期付息、到期还本的持有至到期投资，已到付息期按面值和票面利率计算确定的应收未收的利息，借记"应收利息"科目，按摊余成本和实际利率计算确定的利息收入的金额，贷记"投资收益"科目，按其差额，借记或贷记本科目（溢折价）。

到期一次还本付息的债券等持有至到期投资，在持有期间内按摊余成本和实际利率计算确定的利息收入的金额，借记本科目（应计利息），贷记"投资收益"科目。

②收到持有至到期投资按合同支付的利息时，借记"银行存款"等科目，贷记"应收利息"科目或本科目（应计利息）。

③收到取得持有至到期投资支付的价款中包含的已宣告发放债券利息，借记"银行存款"科目，贷记本科目（投资成本）。

④出售持有至到期投资时，应按收到的金额，借记"银行存款"等科目，已计提减值准备的，贷记"持有至到期投资减值准备"科目，按其账面余额，贷记本科目（投资成本、溢折价、应计利息），按其差额，贷记或借记"投资收益"科目。

3）核算举例

[例5.11] 甲企业2005年1月3日购入B企业2005年1月1日发行的5年期债券，票面利率6%，债券面值1 000万元，甲企业支付价款1 055万元；该债券每年付息一次，最后一年归还本金并付最后一次利息。假设甲企业按实际利率4.74%计算利息收入。要求对甲企业的债券投资进行会计处理。

进行相应的账务处理

购入时:

借:持有至到期投资——成本   10 000 000

           ——溢价   550 000

   贷:银行存款   10 550 000

第一年末:

应计利息 $=1\,000\times 6\%$ 万元 $=60$ 万元

利息收入 $=1\,055\times 4.74\%$ 万元 $=50.01$ 万元

溢价摊销 $=(60-50.01)$ 万元 $=9.99$ 万元

借:应收利息   600 000

   贷:投资收益   500 100

     持有至到期投资——溢价   99 900

实际付息时:

借:银行存款   600 000

   贷:应收利息   600 000

第二年末:

应计利息 $=1\,000\times 6\%$ 万元 $=60$ 万元

利息收入 $=(1\,055-9.99)\times 4.74\%$ 万元 $=1\,045.01\times 4.74\%$ 万元 $=49.53$ 万元

溢价摊销 $=(60-49.53)$ 万元 $=10.47$ 万元

借:应收利息   600 000

   贷:投资收益   495 300

     持有至到期投资——溢价   104 700

实际付息时:

借:银行存款   600 000

   贷:应收利息   600 000

第三年末:

应计利息 $=1\,000\times 6\%$ 万元 $=60$ 万元

利息收入 $=(1\,045.01-10.47)\times 4.74\%$ 万元 $=1\,034.54\times 4.74\%$ 万元 $=49.04$ 万元

溢价摊销 $=(60-49.04)$ 万元 $=10.96$ 万元

借:应收利息   600 000

   贷:投资收益   490 400

     持有至到期投资——溢价   109 600

实际付息时：

借：银行存款 600 000

　　贷：应收利息 600 000

第四年末：

应计利息 = 1 000 × 6% 万元 = 60 万元

利息收入 = (1 034.54 − 10.96) × 4.74% 万元 = 1 023.58 × 4.74% 万元 = 48.52 万元

溢价摊销 = (60 − 48.52) 万元 = 11.48 万元

借：应收利息 600 000

　　贷：投资收益 485 200

　　　　持有至到期投资——溢价 114 800

实际付息时：

借：银行存款 600 000

　　贷：应收利息 600 000

第五年末溢价应全部摊完：

应计利息 = 1 000 × 6% 万元 = 60 万元

溢价摊销 = (55 − 9.99 − 10.47 − 10.96 − 11.48) 万元 = 12.10 万元

利息收入 = (60 − 12.10) 万元 = 47.90 万元

借：应收利息 600 000

　　贷：投资收益 479 000

　　　　持有至到期投资——溢价 121 000

说明：第五年的利息收入推出来较好：溢价 55 万元，前 4 年摊销后第五年余额为 12.1 万元，应全部摊完；故利息收入 = 债券账面余额 = (60 − 12.10) 万元 = 47.90 万元。

持有至到期债券账面余额 = (1 012.10 − 12.10) 万元 = 1 000 万元

借：银行存款 10 600 000

　　贷：持有至到期债券 10 000 000

　　　　应收利息 600 000

5.2.3　可供出售金融资产的核算

1) 设置会计科目

设置"可供出售金融资产"账户，本科目核算企业持有的可供出售金融资产的价值,包括划分为可供出售的股票投资、债券投资等金融资产。性质属于资产类账户,可供出售金融资产增加记借方,减少记贷方,本科目期末借方余额,反映企业可供出售金融资产的公允价值。

可供出售金融资产发生减值的,应在本科目设置"减值准备"明细科目进行核算,也可以单独设置"可供出售金融资产减值准备"科目进行核算。

本科目应当按照可供出售金融资产类别或品种进行明细核算。

2)可供出售金融资产的主要账务处理

①企业取得可供出售金融资产时,应按可供出售金融资产的公允价值与交易费用之和,借记本科目(成本),贷记"银行存款"、"应交税费"等科目。

②在持有可供出售金融资产期间收到被投资单位宣告发放的债券利息或现金股利,借记"银行存款"科目,贷记本科目(公允价值变动)。

对于收到的属于取得可供出售金融资产支付价款中包含的已宣告发放的债券利息或现金股利,借记"银行存款"科目,贷记本科目(成本)。

③资产负债表日,可供出售金融资产的公允价值高于其账面余额的差额,借记本科目,贷记"资本公积——其他资本公积"科目;公允价值低于其账面余额的差额,做相反的会计分录。

根据金融工具确认和计量准则确定可供出售金融资产发生减值的,按应减记的金额,借记"资产减值损失"科目,贷记本科目(减值准备)。同时,按应从所有者权益中转出的累计损失,借记"资产减值损失"科目,贷记"资本公积——其他资本公积"科目。

已确认减值损失的可供出售债务工具在随后的会计期间公允价值上升的,应在原已计提的减值准备金额内,按恢复增加的金额,借记本科目,贷记"资产减值损失"科目。已确认减值损失的可供出售权益工具在随后的会计期间公允价值上升的,应在原已计提的减值准备金额内,按恢复增加的金额,借记本科目,贷记"资本公积——其他资本公积"科目。

④企业根据金融工具确认和计量准则将持有至到期投资重分类为可供出售金融资产的,应在重分类日按该项持有至到期投资的公允价值,借记本科目,已计提减值准备的,借记"持有至到期投资减值准备"科目,按其账面余额,贷记"持有至到期投资——投资成本、溢折价、应计利息"科目,按其差额,贷记或借记"资本公积——其他资本公积"科目。

根据金融工具确认和计量准则将可供出售金融资产重分类为采用成本或摊余成本计量的金融资产,应在重分类日按可供出售金融资产的公允价值,借记"持有至到期投资"等科目,贷记本科目。

⑤出售可供出售金融资产时,应按实际收到的金额,借记"银行存款"、"存放中央银行款项"等科目,按可供出售金融资产的账面余额,贷记本科目,按其差额,贷记或借记"投资收益"科目。按原记入"资本公积——其他资本公积"科目的金额,借记或贷记"资本公积——其他资本公积"科目,贷记或借记"投资收益"科目。

3)核算举例

[例5.12]　甲企业在其2005年的金融投资中包括了对A上市公司的股票投资,与该股票投资相关的信息如下:

①2002年1月4日,甲企业以每股19.6元的价格购入A上市公司股份1万股,作为长期投资管理;

②2002年12月31日,A上市公司股价最高为17.5元,最低为17.1元,自甲企业购入A上市公司股份以来,该股票价格低于成本已持续超过6个月,在2002年末可作为发生减值处理;

③2003年12月31日,A上市公司股价最高为17.6元,最低为17.1元;

④2004年12月31日,A上市公司股价最高为21.1元,最低为20.84元。

假设2005年6月,甲企业以每股22元的价格,将A上市公司股份全部出售。

要求:根据以上资料,对甲企业2002年至2005年对A上市公司的股权投资按新准则作出相关处理。

相关会计处理如下:

①2002年1月4日购入股票时:

借:可供出售金融资产——成本(A股票)　　　　196 000

　　贷:银行存款　　　　　　　　　　　　　　　　　196 000

②2002年12月31日,按照规定计提减值准备,假设仍以当日最高与最低价的中间价作为该股票的未来可收回金额:

借:资产减值损失　　　　　　　　　　　　　　23 000

　　贷:可供出售的金融资产——减值准备(A股票)　　23 000

③2003年12月31日,股票市场价格与其账面价值无重大差异,可以不作处理。

④2004年12月31日,股票价格得以恢复,并超过成本,可以转回减值损失:

借:可供出售的金融资产——减值准备(A股票)　　23 000

　　贷:资本公积——其他资本公积　　　　　　　　　23 000

同时,按照当日最高与最低价的中间价,确认股票公允价值变动:

借:可供出售的金融资产——公允价值变动(A 股票)　13 700

　　贷:资本公积——其他资本公积　　　　　　　　　　13 700

⑤2005 年 5 月,出售股票时的会计处理:

借:银行存款　　　　　　　　　　　　　　　220 000

　　资本公积——其他资本公积　　　　　　　36 700

　　贷:可供出售金融资产——成本(A 股票)　　　　196 000

　　　　　　　　　　　——公允价值变动(A 股票)　13 700

　　　　投资收益　　　　　　　　　　　　　　　　47 000

本章小结

本章根据新会计准则对投资的分类,阐述了长期股权投资和主要金融资产核算内容及它们的会计处理方法。

本章自测题

一、思考题

1. 什么是长期股权投资?

2. 在成本法下长期股权投资如何核算?

3. 新会计准则下金融资产主要包括哪些内容?

二、练习题

练习长期股权投资的会计处理。

甲上市公司发生下列长期股权投资业务:

(1)2006 年 1 月 3 日,购入乙公司股票 580 万股,占乙公司有表决权股份的 25%,对乙公司的财务和经营决策具有重大影响,甲公司将其用为长期股权投资核算。每股收入价 8 元。每股价格中包含已宣告但尚未发放的现金股利 0.25 元,另外支付相关税费 7 万元。款项均以银行存款支付。每日,乙公司所有者权益的账面价值(与其公允价值不存在差异)为 18 000 万元。

(2)2006 年 3 月 16 日,收到乙公司宣告分派的现金股利。

(3)2006 年度,乙公司实现净利润 3 000 万元。

(4)2007 年 2 月 16 日,乙公司宣告分派 2006 年度股利,每股分派现金股利 0.20 元。

(5)2007 年 3 月 12 日,甲上市公司收到乙公司分派的 2006 年度的现金

股利。

(6)2008 年 1 月 4 日,甲上市公司出售所持有的全部乙公司的股票,共取得价款 5 200 万元(不考虑长期股权投资减值及相关税费)。

要求:根据上述资料,编制甲上市公司长期股权投资的会计分录。

固定资产、无形资产和其他资产的核算

【本章导读】
　　本章主要讲述固定资产、无形资产、其他资产的概念,固定资产取得与减少的核算,固定资产折旧的核算,无形资产的核算等,其中固定资产减少和固定资产折旧的核算是本章重点和难点。

【关键词】
固定资产　折旧　清理　无形资产　长期待摊费用

6.1　固定资产的核算

6.1.1　固定资产的概念和特点

　　固定资产是指同时具有下列特征的有形资产:
　　①为生产商品、提供劳务、出租或经营管理而持有的;
　　②使用寿命超过一个会计年度。
　　使用寿命是指企业使用固定资产的预计期间,或者该固定资产所能生产产品或提供劳务的数量。(见《企业会计准则》第4号第三条)
　　固定资产与流动资产相比较,具有如下特点:
　　①可长期服务于业务经营过程,并在较长的使用期限内不明显改变原来的实物形态;
　　②购置的价值一般较高,其投入的资金不能像投入的原材料那样可一次性从产品销售收入中得到回收,而是在使用过程中,随着磨损程度的增加以折旧的形式,逐渐地、部分地计入费用,并从服务收入或产品销售收入中得到补偿。
　　固定资产与低值易耗品的区别在于使用年限和价值大小的不同。但有些物

品如玻璃器皿,虽然符合固定资产条件,因易损坏而列为低值易耗品。

6.1.2　固定资产的分类

1)固定资产按用途分类

(1)经营用固定资产

经营用固定资产是指直接参加企业经营活动或服务于企业经营过程的固定资产。如房屋、机器设备、交通运输工具等。

(2)非经营用固定资产

非经营用固定资产是指不直接参加的服务于旅游企业经营活动的固定资产。如员工餐厅、托儿所、医务室、员工活动室等用于员工生活和福利的房屋、设备等。

按用途分类,便于分类反映和监督不同经济用途的固定资产之间的组成、变化情况,使企业合理配置固定资产。

2)固定资产按使用情况分类

(1)使用中的固定资产

使用中的固定资产是指正在使用的营业用和非营业用固定资产。对于淡季停用、大修理停用以及存放在使用部备用的机器设备,均应列入使用中的固定资产。

(2)未使用的固定资产

未使用的固定资产是指旅游企业购进而尚未使用的、尚待安装及进行改建扩建的固定资产和经批准停止使用的固定资产。

(3)不需用固定资产

不需用固定资产是指不适于本企业使用或多余的等待处理的固定资产。

按使用情况分类,可以正确反映和监督旅游企业固定资产的使用情况,促使其提高固定资产利用效益,便于正确计提固定资产折旧。

3)固定资产综合分类

(1)房屋及建筑物

房屋指企业部门用房以及与房屋不可分离的附属设备,如电梯、卫生设备等。建筑物指房屋以外的围墙、水塔和企业内花园、喷水池等。

(2)机器设备

机器设备指用于经营服务的厨房设备、洗衣设备,用于产生电力、冷暖气的各种设备,以及各种通信设备、电子计算机系统设备等。

(3)交通运输工具

交通运输工具指用于经营服务和企业内部运输各种车辆,如小汽车、卡车、电瓶车等。

(4)家具设备

家具设备指用于经营服务和经营管理部门各种家具设备、办公用设备、各类地毯等。

(5)电器及影视设备

电器及影视设备指用于企业经营服务或管理用的闭路电视播放设备、音响、电视机、电冰箱、摄像机等。

(6)文体娱乐设备

文体娱乐设备指健身房、娱乐厅用的各种设备,如台球桌、各种乐器等。

(7)其他设备

其他设备指不属于以上各类的其他经营管理用固定资产,如工艺摆设、消防设备。

这种分类可以反映各类不同的固定资产类别,并为确定不同类别的固定资产的折旧年限奠定了基础。

6.1.3 固定资产的初始计量

固定资产的初始计量是指企业取得固定资产时,对固定资产的计量。根据《企业会计准则》的规定,固定资产应当按其初始成本计量。固定资产成本也称固定资产原价,是指企业购建某项固定资产达到预定可使用状态前所发生的一切合理、必要的支出。固定资产取得时的成本应当根据具体情况分别确定。

1)购置的不需要经过建造过程即可使用的固定资产

按实际支付的买价、相关税费、使固定资产达到可使用状态前所发生的可归属于该项资产的运输费、装卸费、安装费和专业人员服务费等,作为入账价值。(见《企业会计准则》第4号第八条)

外商投资企业因采购国产设备而收到税务机关退还的增值税款应冲减固定资产的入账价值。

2)自行建造的固定资产

按建造该项固定资产达到预定可使用状态前所发生的必要支出,作为入账

价值。

3）投资者投入的固定资产

按投资合同或协议约定的价值,作为入账价值,但合同或协议约定价值不公允的除外。

4）融资租入的固定资产

按租赁开始日租赁资产的原账面价值与最低租赁付款额的现值两者中较低者,作为入账价值。

5）在原有固定资产的基础上进行改建、扩建的

按原固定资产的账面价值,加上由于改扩建而使该项固定资产达到预定可使用状态前发生的支出,减改扩建过程中发生的变价收入,作为入账价值。

6）企业的债务人以非现金资产抵偿债务方式取得的固定资产,或以应收债权换入固定资产的

按应收债权的账面价值加上应支付的相关税费,作为入账价值。应收债权的账面价值与换入资产账面价值之间的差额计入当期损益。

7）以非货币性交易换入的固定资产

按公允价值加上应支付的相关税费作为入账价值。公允价值与换入或换出资产的账面价值之间的差额,计入当期损益。

8）接受捐赠的固定资产

应按以下规定确定入账价值:

(1)捐赠方提供了有关凭据的

按凭据上标明的金额加上应支付的相关税费,作为入账价值。

(2)捐赠方没有提供有关凭据的

按如下顺序确定其入账价值:①同类或类似固定资产存在活跃市场的,按同类或类似固定资产的市场价格估计的金额,加上应支付的相关税费,作为入账价值;②同类或类似固定资产不存在活跃市场的,按该接受捐赠的固定资产的预计未来现金流量现值,作为入账价值。

(3)如受赠的系旧的固定资产

按照上述方法确定的价值,减去按该项资产的新旧程度估计的价值损耗后的余额,作为入账价值。

9）盘盈的固定资产

按同类或类似固定资产的市场价格,减去按该项资产的新旧程度估计的价值损耗后的余额,作为入账价值。

10)经批准无偿调入的固定资产

按调出单位的账面价值加上发生的运输费、安装费等相关费用,作为入账价值。

固定资产的入账价值中,还应当包括企业为取得固定资产而交纳的契税、耕地占用税、车辆购置税等相关税费。

企业购置计算机硬件所附带的、未单独计价的软件,与所购置的计算机硬件一并作为固定资产管理。

已达到预定可使用状态但尚未办理竣工决算手续的固定资产,可先按估计价值记账,待确定实际价值后,再进行调整。

6.1.4 固定资产增减的核算

1)固定资产账户的设置

(1)固定资产的总分类核算

为了便于对固定资产的取得、折旧和减少进行核算,旅游企业应设置"固定资产"、"累计折旧"、"固定资产清理"、"工程物资"、"在建工程"、"固定资产减值准备"等科目。

①"固定资产"科目,是核算固定资产原始价值及结存情况的科目。固定资产原价增加时,记入借方;固定资产原价减少时,记入贷方;余额在借方,反映现有固定资产原价。

②"累计折旧"科目,是"固定资产"科目的备抵科目。通过"固定资产"和"累计折旧"科目的对比,可以得出固定资产净值。"累计折旧"科目是核算现有固定资产折旧累计数额增减变化及结存情况的科目。计提折旧时,记入贷方;转出减少的固定资产折旧时,记入借方;余额在贷方,反映现有固定资产的折旧累计数。

③"固定资产清理"科目,核算旅游企业因出售、报废和毁损等原因转入清理的固定资产净值及其在清理过程中所发生的清理费用和清理变价收入。该科目借方反映出售、报废或毁损固定资产的净值、清理费用等,贷方反映出售固定资产的价款、残料变价收入、保险公司赔款或过失人赔款等。该科目借方大于贷方,为清理净损失;贷方大于借方则为清理净收益。清理有净收益或净损失,应分别转入"营业外收入"或"营业外支出"科目。

④"工程物资"科目,核算旅游企业为基建工程、更新改造工程和大修理工程准备的各种物资的实际成本,包括为工程准备的材料、尚未交付安装的需要安装设备的实际成本,以及预付大型设备款和基本建设期间根据项目概算购入为生产准备的工具及器具等的实际成本。"工程物资"科目应分别设置"专用材料"、"专用设备"、"预付大型设备款"、"为生产准备的工具及器具"等明细科目进行核算。

⑤"在建工程"科目,核算会业进行基建工程、安装工程、技术改造工程、大修理工程等发生的实际成本,包括需要安装设备的价值,应分别设置"建筑工程"、"安装工程"、"在安装设备"、"技术改造工程"、"大修理工程"、"其他支出"等明细科目进行核算。

⑥"固定资产减值准备"科目,企业应当在期末或至少在每年年度末,对固定资产逐项进行检查,如果由于市价持续下跌,或技术陈旧、损坏、长期闲置等原因导致其可收回金额低于账面价值的,应当将可收回金额低于其账面价值的差额作为固定资产减值准备。固定资产减值准备应按单项资产计提。企业发生固定资产减值时,借记"营业外支出——计提的固定资产减值准备"科目,贷记本科目;如已计提减值准备的固定资产价值得以恢复,应在原已提减值准备的范围内转回,借记本科目,贷记"营业外支出——计提的固定资产减值准备"科目。本科目期末贷方余额,反映企业已提取的固定资产减值准备。

(2)固定资产明细分类核算

旅游企业财会部门应设置固定资产明细账进行明细核算。可以采用固定资产卡片或固定资产登记簿,对每项固定资产进行有效的控制。

2)固定资产购置的核算

(1)购入固定资产

企业购入固定资产可分为不需要安装和需要安装两种:

①不需要安装。企业购入不需要安装的固定资产,其入账的原始价值包括购进价、运杂费和包装费等。

[例6.1] 某宾馆购入货车一辆,价款100 000元,以转账支票支付,货车已验收使用。做分录如下:

借:固定资产   100 000

    贷:银行存款   100 000

②需要安装。购入需要安装的固定资产,其入账价值除了包括购进价、运杂费和包装费外,还要加上安装费用。核算时先在"在建工程"账户核算,待工程完工后,再由"在建工程"账户转入"固定资产"账户。

[**例**6.2] 某饭店购入需安装的洗涤设备一台,价值80 000元,并支付安装费800元。

购入验收入库时,做分录如下:

借:工程物资——专用设备　　　　　　　　　　80 000

　　贷:银行存款　　　　　　　　　　　　　　　　80 000

领用安装时,做分录如下:

借:在建工程——安装洗涤设备　　　　　　　　80 000

　　贷:工程物资——专用设备　　　　　　　　　　80 000

支付工程费用时,做分录如下:

借:在建工程——安装洗涤设备　　　　　　　　　800

　　贷:银行存款　　　　　　　　　　　　　　　　　800

安装完毕,交付使用时,做分录如下:

借:固定资产　　　　　　　　　　　　　　　　80 800

　　贷:在建工程——安装洗涤设备　　　　　　　　80 800

(2)自行建造固定资产

旅游企业自行建造的固定资产,可以有自营建造和出包建造两种方式,应按不同的方式分别进行处理。

①自营建造。旅游企业采用自营方式进行固定资产工程核算主要通过"工程物资"和"在建工程"科目进行核算。

[**例**6.3] 某饭店采用自营方式建筑房屋一幢,为工程购置物资190 000元,全部用于工程建设,为工程支付的建设人员工资48 000元,为工程借款发生利息21 000元,工程完工验收交付使用。

购买工程物资,做分录如下:

借:工程物资——专用材料　　　　　　　　　190 000

　　贷:银行存款　　　　　　　　　　　　　　　190 000

领用工程物资,做分录如下:

借:在建工程——房屋工程　　　　　　　　　190 000

　　贷:工程物资——专用材料　　　　　　　　　190 000

支付建设人员工资,做分录如下:

借:在建工程——房屋工程　　　　　　　　　　48 000

　　贷:应付职工薪酬　　　　　　　　　　　　　　48 000

结转为工程借款发生的利息,做分录如下:

借:在建工程——房屋工程　　　　　　　　　　21 000

  贷:长期借款   21 000

 工程完工验收,结转工程成本,做分录如下:

 借:固定资产——房屋   259 000

  贷:在建工程——房屋工程   259 000

 ②出包建造。旅游企业采用出包方式建造固定资产,工程的具体支出在承包单位核算,在这种方式下,"在建工程"账户实际上成为企业与承包单位的结算账户。

 [例6.4] 某饭店以出包方式建造仓库一座,预付工程款 200 000 元,工程完工决算,根据竣工工程决算表,需补付工程价款 15 000 元。

 预付工程款,做分录如下:

 借:在建工程——仓库工程   200 000

  贷:银行存款   200 000

 补付工程价款,做分录如下:

 借:在建工程——仓库工程   15 000

  贷:银行存款   15 000

 根据竣工工程决算表,结转工程成本,做分录如下:

 借:固定资产——仓库   215 000

  贷:在建工程——仓库工程   215 000

 (3)投资转入固定资产

 由其他单位投资转入的固定资产,应按投出单位的账面原价借记"固定资产"账户,按评估确认的价值贷记"实收资本"账户,如果账面价值大于评估确认价值,则其差额贷记"累计折旧"账户。

 [例6.5] 某饭店接受另一饭店投资转入的固定资产一台,账面原价550 000元,经双方确认净值 480 000 元,在收到该项固定资产时,做分录如下:

 借:固定资产   550 000

  贷:实收资本   480 000

   累计折旧   70 000

 (4)融资租入固定资产

 融资租入的固定资产,应当单设明细科目进行核算。企业应在租赁开始日,按当日租赁资产的原账面价值与最低租赁付款额的现值两者中较低者作为入账价值,借记"固定资产——融资租入固定资产"科目,按最低租赁付款额贷记"长期应付款——应付融资租赁款"科目,按其差额借记"未确认融资费用"科目。租赁期满,如合同规定将设备所有权转归承租企业,应进行转账,将固定资产从

"融资租入固定资产"明细科目转入有关明细科目。

如果融资租赁资产占企业资产总额比例等于或小于30%的,在租赁开始日,企业也可按最低租赁付款额作为固定资产的入账价值。企业应按最低租赁付款额借记"固定资产——融资租入固定资产"科目,贷记"长期应付款——应付融资租赁款"科目。

(5)接受捐赠固定资产

接受捐赠的固定资产,按确定的入账价值借记"固定资产"科目,按本来应交的所得税贷记"递延税款"科目,按确定的入账价值减去未来应交所得税后的余额记"资本公积"科目,按应支付的相关税费贷记"银行存款"等科目。

外商投资企业接受捐赠的固定资产,按确定的入账价值借记"固定资产"科目,按应计入待转资产价值的金额贷记"待转资产价值"科目,按就支付的相关税费贷记"银行存款"科目。

(6)无偿调入的固定资产

企业按照有关规定并报经有关部门批准无偿调入的固定资产,按调出单位的账面价值加上新的安装成本、包装费、运杂费等,作为调入固定资产的入账价值。企业调入需要安装的固定资产,按调入固定资产的原账面价值以及发生的包装费、运杂费等借记"在建工程"科目,按调入固定资产的原账面价值贷记"资本公积——无偿调入固定资产"科目,按所发生的支出贷记"银行存款"等科目;发生的安装费用借记"在建工程"科目,贷记"银行存款"、"应付职工薪酬"等科目。工程达到可使用状态时,按工程的实际成本借记"固定资产"科目,贷记"在建工程"科目。

3)固定资产减少的核算

在企业生产经营过程中,对那些不适用或不需要的固定资产,可以出售转让,也可以用固定资产对外投资、捐赠、抵偿债务,还可能由于调拨、盘亏等原因发生固定资产的减少。

(1)固定资产的投资转出

旅游企业经常以自己拥有的固定资产作价投入其他企业参与企业的经营,来拓宽经营渠道,开创盈利新途径。对外投资时,应以评估确认的价值作为其投资额,加上应支付的相关税费,借记"长期股权投资"科目,按该项固定资产已提折旧借记"累计折旧"科目,按该项固定资产已计提的减值准备借记"固定资产减值准备"科目,按固定资产账面原值贷记"固定资产"科目,按应支付的相关税费贷记"银行存款"、"应交税费"等科目。

[例6.6]　甲饭店以一辆轿车向乙饭店投资,轿车账面原值160 000元,已

提折旧 39 000 元,已计提的减值准备 1 000 元,经双方协商同意以净值作为投资价值,轿车已交付对方。甲饭店可做分录如下:

借:长期投资——其他投资　　　　　　　　　　　120 000
　　累计折旧　　　　　　　　　　　　　　　　　 39 000
　　固定资产减值准备　　　　　　　　　　　　　 1 000
　　贷:固定资产　　　　　　　　　　　　　　　　　　　160 000

(2)固定资产的出售、报废

企业因出售、报废、毁损、捐赠等原因减少的固定资产应通过"固定资产清理"科目核算。

①固定资产的出售。企业中存在不需用的固定资产,需要予以出售。固定资产的出售与报废都须在报经领导批准后方能执行。企业出售固定资产,取得收入时,借记"银行存款"账户,贷记"固定资产清理"账户;发生出售费用时,借记"固定资产清理"账户,贷记"银行存款"等账户。通过"固定资产清理"账户来核算固定资产出售的净收益或净损失。按照有关规定,企业销售不动产,还应按销售额交纳营业税。

[例6.7]　某宾馆有一建筑物,原价 2 000 000 元,已使用 6 年,计提折旧 300 000 元,固定资产减值准备 10 000 元,支付清理费 10 000 元,出售的价格收入为 1 900 000 元,营业税率5%。做分录如下:

a.固定资产转入清理。

借:固定资产清理　　　　　　　　　　　　　1 690 000
　　累计折旧　　　　　　　　　　　　　　　　 300 000
　　固定资产减值准备　　　　　　　　　　　　 10 000
　　贷:固定资产　　　　　　　　　　　　　　　　　2 000 000

b.支付清理费用。

借:固定资产清理　　　　　　　　　　　　　　 10 000
　　贷:银行存款　　　　　　　　　　　　　　　　　 10 000

c.收到出售价款。

借:银行存款　　　　　　　　　　　　　　　 1 900 000
　　贷:固定资产清理　　　　　　　　　　　　　　　1 900 000

d.计算应交纳的营业税(1 900 000×5%元=9 500元)。

借:固定资产清理　　　　　　　　　　　　　　 95 000
　　贷:应交税费——应交营业税　　　　　　　　　　 95 000

e.上交营业税。

借:应交税费——应交营业税   95 000
  贷:银行存款   95 000

f.结转固定资产清理后的净收益。

借:固定资产清理   105 000
  贷:营业外收入   105 000

②固定资产的报废。旅游企业购入的固定资产由于长期使用而不断磨损,以致丧失了使用功能,就需要进行报废清理。企业在清理报废的固定资产过程中所发生的各种支出称为清理费用。如房屋、建筑物的拆除费用和机器设备的拆卸费用。固定资产清理过程中所取得的各种收入,称为固定资产变价收入。企业取得固定资产变价收入时,借记"银行存款"账户,贷记"固定资产清理"账户;发生清理费用时,借记"固定资产清理"账户,贷记"银行存款"等账户。并通过"固定资产清理"账户核算固定资产清理的净收益或净损失。固定资产报废清理的净收益作为"营业外收入",净损失作为"营业外支出"。

[例6.8] 某宾馆有旧房屋一幢,原值450 000元,已提折旧435 000元,使用期满经批准报废。清理过程中,以银行存款支付清理费12 700元,拆除的残料变卖收入16 800元存入银行。做分录如下:

a.固定资产转入清理:

借:固定资产清理   15 000
  累计折旧   435 000
    贷:固定资产   450 000

b.支付清理费用:

借:固定资产清理   12 700
  贷:银行存款   12 700

c.取得残料出售收入:

借:银行存款   16 800
  贷:固定资产清理   16 800

d.结转固定资产清理净损益:

借:营业外支出——处理固定资产净损失   10 900
  贷:固定资产清理   10 900

(3)固定资产无偿调出

企业按照有关规定并报经有关部门批准无偿调出固定资产,调出固定资产的账面价值以及清理固定资产所发生的费用,仍然通过"固定资产清理"账户核算,清理所发生的净损失冲减资本公积。企业应按调出固定资产净值减去已计

提的减值准备借记"固定资产清理"科目,按已提折旧借记"累计折旧"科目,按该项固定资产已计提的减值准备借记"固定资产减值准备"科目,按固定资产原价贷记"固定资产"科目;发生的清理费用,借记"固定资产清理"科目,贷记"银行存款"、"应付职工薪酬"等科目;调出固定资产发生的净损失,借记"资本公积——无偿调出固定资产"科目,贷记"固定资产清理"科目。

(4)固定资产的清查

企业于每年编制年度财务报告前,应当对固定资产进行全面的清查,平时,可根据需要,组织局部的轮流清查或抽查。固定资产的清查方法是实地盘点。

企业应对固定资产定期或者至少每年实地盘点一次。对盘盈、盘亏、毁损的固定资产,应当查明原因,写出书面报告,并根据企业的管理权限,经股东大会或董事会或经理会议或类似机构批准后,在期末结账前处理完毕。如盘盈、盘亏、毁损的固定资产,在期末结账前尚未经批准的,在对外提供财务会计报告时应按上述规定进行处理,并在会计报表附注中作出说明。如果期后批准处理的金额与已处理的金额不一致,应当按其差额调整会计报表相关项目的年初数。

①盘盈固定资产。在财产清查时,如果盘盈固定资产,按会计制度规定,应按同类或类似固定资产的市场价格,减去按该项固定资产新旧程度估计的价值损耗后的余额,借记"固定资产"账户,贷记"待处理财产损溢"账户。盘盈的固定资产,报经批准后转入"营业外收入"账户,即借记"待处理财产损溢"账户,贷记"营业外收入"账户。

[例6.9] 盘盈彩电一台,经调查市场上的价格为3 500元,经考察有六成新。做分录如下:

盘盈时:

借:固定资产　　　　　　　　　　　　　　　　　　2 100

　　贷:待处理财产损溢　　　　　　　　　　　　　　　　2 100

报经领导批准后予以核销转账:

借:待处理财产损溢　　　　　　　　　　　　　　　2 100

　　贷:营业外收入——处置固定资产净收入　　　　　　　2 100

②盘亏固定资产。企业发生固定资产盘亏时,应按盘亏固定资产的账面价值借记"待处理财产损溢——待处理固定资产损溢"科目,按已提折旧借记"累计折旧"科目,按该项固定资产已计提的减值准备借记"固定资产减值准备"科目,按固定资产原价贷记"固定资产"科目。盘亏的固定资产报经批准转销时,借记"营业外支出——固定资产盘亏"科目,贷记"待处理财产损溢——待处理固定资产损溢"科目。

[**例6.10**] 某企业进行财产清查时盘亏设备一台,其账面原价为 50 000 元,已提折旧为 15 000 元,该设备已计提的减值准备为 5 000 元。有关账务处理如下:

盘亏固定资产:

借:待处理财产损溢——待处理固定资产损溢   30 000

    累计折旧   15 000

    固定资产减值准备   5 000

      贷:固定资产   50 000

报经批准转销:

借:营业外支出——固定资产盘亏   30 000

      贷:待处理财产损溢——待处理固定资产损溢   30 000

(5)固定资产减值准备

为了客观、真实、准确地反映期末固定资产的实际价值,企业在编制资产负债表时,应合理地确定固定资产的期末价值。企业的固定资产在使用过程中,由于存在有形损耗(如自然磨损等)和无形损耗(如技术陈旧等)以及其他原因,导致其可收回金额低于账面价值,这种情况称为固定资产价值减值。企业会计制度规定,企业应当定期或者至少于每年年度末对各项资产逐项进行检查,如果由于市价持续下跌,或技术陈旧、损坏、长期闲置等原因导致其可收回金额低于账面价值的,应当将可收回金额低于账面价值的差额作为固定资产减值准备。对存在下列情况之一的固定资产,应当按照该项固定资产的账面价值全额计提固定资产减值准备:①长期闲置不用,在可预见的未来不会再使用,且已无转让价值的固定资产;②由于技术进步等原因,已不可使用的固定资产;③虽然固定资产尚可使用,但使用后产生大量不合格品的固定资产;④已遭毁损,以至于不再具有使用价值和转让价值的固定资产;⑤其他实质上已经不能再给企业带来经济利益的固定资产。

旅游企业应当合理地计提固定资产减值准备,但不得设置秘密准备。

旅游企业发生固定资产减值时,应按可收回金额低于账面价值的差额,借记"营业外支出——计提的固定资产减值准备"科目,贷记"固定资产减值准备"科目;如已计提减值准备的固定资产价值得以恢复,应在原已计提减值准备的范围内转回,借记"固定资产减值准备"科目,贷记"营业外支出——计提的固定资产减值准备"科目。

旅游企业已全额计提减值准备的固定资产,不再计提折旧。在资产负债表中,固定资产减值准备应当作为固定资产净值的减项反映。

旅游企业的在建工程也应当定期或者至少于每年年度末对其进行全面检查,如果有证据表明在建工程已经发生了减值,应当计提减值准备。

6.1.5　固定资产的折旧

固定资产折旧是指固定资产在使用过程中,由于损耗而逐渐地、部分地转移到费用中去的那部分以货币表现的价值。

1)固定资产折旧的性质

企业的固定资产可以长期参加生产经营活动而保持其原有的实物形态,但其价值是随着固定资产的使用而逐渐转移到生产的产品中或构成费用,然后通过销售商品收回货款,弥补成本费用,从而使这部分价值损耗得到补偿。

固定资产的损耗分为有形损耗和无形损耗两种。有形损耗是指固定资产由于使用和自然力的影响而引起的使用价值和价值的损失,如机械磨损和自然条件的侵蚀等。无形损耗是指由于科学技术进步、产品升级换代等引起的固定资产价值的损失。随着科学技术的飞速发展,无形损耗造成的固定资产贬值显得越来越突出。

2)固定资产折旧的范围

(1)以下固定资产应计提折旧

①房屋和建筑物;②在使用的机器设备、仪器仪表、运输工具;③季节性停用、大修理停用的设备;④融资租入和以经营租赁方式租出的固定资产。

(2)以下固定资产不计提折旧

①已提足折旧继续使用的固定资产;②以经营租赁方式租入的固定资产;③未提足折旧提前报废的固定资产;④在建工程项目交付使用以前的固定资产;⑤国家规定不提折旧的其他固定资产。

3)固定资产折旧的方法

会计上计算折旧的方法有平均年限法、工作量法、双倍余额递减法、年数总和法等。固定资产折旧方法的选用直接影响到企业成本、费用的计算以及企业的收入和纳税,从而影响国家的财政收入。固定资产的折旧方法一经确定,不得随意变更。

(1)平均年限法

平均年限法又称直线法,是将固定资产的折旧均衡地分摊到各期的一种方法。计算公式如下:

$$固定资产年折旧额 = \frac{固定资产原值 - 预计净残值}{固定资产预计使用年限}$$

$$月折旧额 = 年折旧额/12$$

固定资产折旧率,是指某期间固定资产折旧额和原值的比率。它反映了固定资产在某期间内的磨损和损耗程度。运用固定资产折旧率来计算固定资产折旧的公式为:

$$固定资产年折旧率 = \frac{1 - 预计净残值率}{固定资产预计使用年限} \times 100\%$$

$$月折旧率 = 年折旧率/12$$

$$年折旧额 = 固定资产原值 \times 年折旧率$$

$$月折旧额 = 年折旧额/12$$

由于固定资产种类繁多,数额大且经常变化,运用折旧率来计算折旧可以避免计提折旧手续的烦琐。同时固定资产折旧率分单项折旧率、分类折旧率和综合折旧率,应根据具体情况和需要来计算固定资产的折旧。

[例6.11] 某饭店有客车一辆,原值150 000元,预计净残值率为5%,预计使用年限15年。计算月折旧率和月折旧额。

$$月折旧率 = \frac{1 - 5\%}{15 \times 12} \times 100\% = 0.53\%$$

$$月折旧额 = 150\ 000 \times 0.53\% 元 = 791.7 元$$

(2)工作量法

工作量法是根据实际工作量计提折旧的一种方法,计算公式如下:

$$每一工作量折旧额 = \frac{固定资产原值 \times (1 - 净残值率)}{预计总工作量}$$

某项固定资产月折旧额 = 该项固定资产当月工作量 × 每一工作量折旧额

[例6.12] 某饭店有冷藏车一辆,原值63 000元,在预计使用年限内可以行驶500 000千米。本月份共行驶12 000千米。计算该项固定资产折旧额。

单位工作量应提折旧额 = 63 000元/500 000千米 = 0.126元/千米

本月份应计提折旧额 = 0.126元/千米 × 12 000千米 = 1 512元

(3)双倍余额递减法

双倍余额递减法是在不考虑固定资产净残值的情况下,根据每期期初固定资产账面余额和双倍的直线法折旧率计算固定资产折旧的一种方法。计算公式为:

$$折旧率 = \frac{2}{预计使用年限} \times 100\%$$

折旧额 = (原值 – 已提折旧额) × 折旧率 = 固定资产账面净值 × 折旧率

实行双倍余额递减法计提固定资产折旧,应当在其固定资产折旧年限到期以前两年内,将固定资产净值扣除残值后平均摊销。

[例6.13]　某饭店有大型空调一台,原值90 000元,预计使用5年,残值6 000元。其折旧额计算如下:

折旧率 = 2/5 × 100% = 40%

第一年折旧额 = 90 000 × 40% 元 = 36 000 元

第二年折旧额 = (90 000 – 36 000) × 40% 元 = 21 600 元

第三年折旧额 = (54 000 – 21 600) × 40% 元 = 12 960 元

第四、五年折旧额 = $\dfrac{(32\ 400 - 12\ 960)\text{元} - 6\ 000\ \text{元}}{2}$ = 672 元

(4)年数总和法

年数总和法是将固定资产的原值减去净残值后的净额乘以一个逐年递减的分数计算每年的折旧额。这个分数分子代表固定资产尚可使用的年数,分母代表使用年数的逐年数字总和。计算公式如下:

$$年折旧率 = \frac{尚可使用年数}{预计使用年限的年数总和}$$

$$= \frac{预计使用年限 - 已使用年限}{预计使用年限 × (预计使用年限 + 1)/2}$$

年折旧额 = (固定资产原值 – 预计净残值) × 年折旧率

[例6.14]　某饭店固定资产原值50 000元,预计使用年限为5年,预计净残值2 000元,用年数总和法计算折旧,如表6.1所示。

表6.1　固定资产折旧年数总和法

年份	尚可使用年限	(原值 – 净残值)/元	变动折旧率	每年折旧额/元
1	5	48 000	5/15	16 000
2	4	48 000	4/15	12 800
3	3	48 000	3/15	9 600
4	2	48 000	2/15	6 400
5	1	48 000	1/15	3 200

4)固定资产折旧的会计处理

固定资产计提折旧时,应以月初可提取折旧的固定资产账面原值为依据。

当月增加的固定资产,当月不提折旧,从下月起计提折旧;当月内减少的固定资产,当月仍提折旧,从下月起停止计提折旧。因此,企业各月计算提取折旧时,可以在上月计提折旧的基础上,对上月固定资产的增减情况进行调整后计算当月应计提的折旧额。

$$\begin{matrix} 当月固定资产 \\ 应计提的折旧额 \end{matrix} = \begin{matrix} 上月固定资产 \\ 计提的折旧额 \end{matrix} + \begin{matrix} 上月增加固定资产 \\ 应计提的折旧额 \end{matrix} - \begin{matrix} 上月减少固定资产 \\ 应计提的折旧额 \end{matrix}$$

在会计实务中,各月计提折旧的工作一般是通过编制"固定资产折旧计算表"来完成的。例如,某宾馆某月份的固定资产折旧计算表如表6.2所示。

表6.2 固定资产折旧计算表

使用部门	固定资产项目	上月折旧额/元	上月增加固定资产		上月减少固定资产		本月折旧额/元	分配费用
			原价/元	折旧额/元	原价/元	折旧额/元		
客房部	房屋	3 000					3 000	营业费用
	电器设备	15 000					15 000	
	家具	900					900	
	小计	18 900					18 900	
餐饮部	房屋	2 000					2 000	
	电器设备	12 000	40 000	200			12 200	
	小计	14 000					14 200	
商品部	房屋	2 100					2 100	
	运输工具	14 000			30 000	900	13 100	
	小计	16 100					15 200	
管理部	房屋建筑	1 200					1 200	管理费用
	运输工具	1 500					1 500	
	小计	2 700					2 700	
合计		51 700	40 000	200	30 000	900	51 000	

6.1.6 固定资产修理

旅游企业作为服务性行业,一定要让客人感到舒适,因此企业的房屋建筑需

要定期重新装修,基础设施要定期更换维护,设备设施也要适时更新换代。这些花费都属于企业的固定资产大修理费用。

企业固定资产大修理的花费很大,如果使用经营中的流动资金,就会造成企业资金的周转不灵,所以可以开设大修理专项资金。大修理的效果会保持较长时间,因此这些资金不能在支付的那个月一次性计入费用,而应在几年或预计使用期内按月计提或摊销。固定资产日常维护修理费用直接计入当期损益。大修理专项资金可通过"长期待摊费用"科目核算,发生大修理费用时,借记"长期待摊费用——固定资产修理费",贷记"银行存款"科目;每月摊销时,借记"管理费用——固定资产修理费摊销"等科目,贷记"长期待摊费用——固定资产修理费"。

6.2 无形资产的核算

6.2.1 无形资产概述

1)概念

无形资产是指企业拥有或者控制的没有实物形态的可辨认非货币性资产。(见《企业会计准则》第6号第三条)

2)内容

无形资产一般包括:专利权、非专利技术、商标权、著作权、土地使用权、特许经营权、商誉等。

专利权是指一国政府或专利局依法授予发明创造人或其权利受让人在一定期限内对该发明创造所享有的独占或专有的权利。

商标权是商标专用权的简称,它是经工商管理局核准注册的商标,得到国家法律确认和保护,商标注册人对注册商标享有专用的权利。注册商标的企业保护自己独有的商品区别于其他经营者经营同一商品的特殊标志。

土地使用权。我国的城镇土地一律归国家所有,但在一定时间和条件下其使用权归属某个单位和个人,这就在客观上形成了企业的一定资产。企业为自身的发展、对外联营,可以用土地使用权作价对外投资,来参与另一企业的经营,从而从另一企业分得利润。

特许经营权也称专营权,是指企业在某一地区经营或销售某种特定商品的权利,或是一家企业接受另一家企业使用其商标、商号、技术秘密等的权利。前者一般是由政府机构授权,准许企业使用或在一定地区享有经营某种业务的特权,如水、电、邮政通信等专营权,烟草专卖权,饭店管理公司品牌特许经营等;后者是指企业间依照签订的合同,有限期或无限期使用另一家企业的商标、商号、技术秘密等的权利,如连锁店分店使用总店名称。

商誉是企业由于其长时间的精心经营或由于其优越地理位置而在顾客心目中形成的特殊声誉,为企业带来经济效益的商业信誉。

非专利技术是指尽管不够成或未达到申请专利权的某项技术,却由于使用这项技术能为企业带来一定收益的一种技术。

3)特征

①不具有实物形态。无形资产不具有物质实体,不是人们直接可以看见、触摸的,是隐形存在的资产。

②用于生产商品、提供劳务、出租给他人或为了行政管理而拥有的资产。

③可以在一个以上会计期间为企业提供经济效益。因此无形资产被界定为长期资产而不是流动资产,使用年限超过一年。

④所提供的未来经济效益具有很大的不确定性。有些无形资产只是在特定的企业存在并发挥作用,有些无形资产的受益期难以确定,可能随着市场竞争、新技术发明而被取代。

6.2.2 无形资产的计价

企业会计制度按无形资产取得方式的不同,对无形资产成本的确定作了明确规定。

1)购入的无形资产

购入的无形资产,按实际支付的价款作为实际成本,包括购买价款、相关税费以及直接归属于使该项资产达到预定用途所发生的其他支出。对于一揽子购入的无形资产,其成本通常应按该无形资产和其他资产的公允价值相对比例确定。如果一揽子购入的无形资产与其他资产在使用上不可分离,在使用年限方面也基本一致,则无需将其与其他资产分开来核算。

2)投资者投入的无形资产

投资者投入的无形资产,按投资者各方面确认的价值作为实际成本。

3）接受捐赠的无形资产

旅游企业接受捐赠的无形资产,按其实际成本确定。在捐赠方没有提供相关价值凭据的情况下,往往要借助于对其未来现金流量现值的计算来确定其入账价值。

4）自行取得的无形资产

旅游企业自行研究开发并按法律程序申请取得的无形资产,按依法取得时发生的注册费、聘请律师费以及在开发阶段同时满足下列条件的支出,作为无形资产的实际成本:(见《企业会计准则》第6号第九条)

①完成该无形资产以使其能够使用或出售在技术上具有可行性;

②具有完成该无形资产并使用或出售的意图;

③无形资产产生经济利益的方式,包括能够证明运用该无形资产生产的产品存在市场或无形资产自身存在市场,无形资产将在内部使用的,应当证明其有用性;

④有足够的技术、财务资源和其他资源支持,以完成该无形资产的开发,并有能力使用或出售该无形资产;

⑤归属于该无形资产开发阶段的支出能够可靠地计量。

在研究阶段发生的支出以及开发阶段不满足上述条件的支出,应当于发生时计入当期损益,而不计入无形资产成本。

5）土地使用权

企业购入的土地使用权,或以支付土地出让金方式取得的土地使用权,按实际支付的价款作为实际成本,并作为无形资产核算;待该项土地开发时再将其账面价值转入相关在建工程(房地产开发企业将需开发的土地使用权账面价值转入开发成本)。

6.2.3 无形资产的账务处理

1）无形资产的取得

(1)购入的无形资产

企业购入无形资产时,应按实际支付的价款,借记"无形资产"科目,贷记"银行存款"等科目。

(2)投资者投入的无形资产

一般情况下,投资者以无形资产向企业投资时,企业应按投资合同或协议约定的价值,借记"无形资产"科目,贷记"实收资本"科目。

(3)接受捐赠的无形资产

企业接受其他单位捐赠的无形资产,应按确定的实际成本,借记"无形资产"科目,按未来应交的所得税,贷记"递延税款"科目,按确定的价值减去未来应交所得税后的差额,贷记"资本公积"科目。

(4)自行开发的无形资产

企业自行开发并按法律程序申请取得的无形资产,应按依法取得时发生的注册费、聘请律师费以及在开发阶段满足规定条件的支出,借记"无形资产"科目,贷记"银行存款"、"应付职工薪酬"等科目。企业在研究阶段发生的各项支出,直接计入当期损益,借记"管理费用"等科目,贷记"银行存款"等科目。

(5)购入的土地使用权

企业购入的土地使用权,或以支付土地出让金方式取得的土地使用权,应按照实际支付的价款,借记"无形资产"科目,贷记"银行存款"等科目。待该项土地开发时再将其账面价值转入相关在建工程(房地产开发企业将需开发的土地使用权账面价值转入开发成本),借记"在建工程"科目,贷记"无形资产"科目。

[例6.15]　某饭店从当地政府购入一块土地使用权,以银行存款支付转让价款 3 800 000 元,并开始进行建造房屋建筑物等开发工程。有关账务处理如下:

①支付转让价款时:

借:无形资产——土地使用权　　　　　　　　　3 800 000
　　贷:银行存款　　　　　　　　　　　　　　　　　　3 800 000

②转入开发时:

借:在建工程　　　　　　　　　　　　　　　　3 800 000
　　贷:无形资产——土地使用权　　　　　　　　　　　3 800 000

2)无形资产的摊销

无形资产属于企业的长期资产,能在较长的时间里给企业带来效益。但无形资产通常也有一定的有效期限,其价值将随着时间的推移消失,因此,企业应将入账的无形资产在一定年限内摊销,其摊销的金额计入管理费用,并同时冲减无形资产的账面价值。

企业会计制度规定,无形资产应当在取得当月起在预计使用年限内分期平均摊销。如预计使用年限超过了相关合同规定的受益年限或法律规定的有效年限,该无形资产的摊销按如下原则确定:

①合同约定了受益年限但法律没有规定有效年限的,摊销年限不应超过合

同约定的受益年限;

②合同没有约定受益年限但法律规定了有效年限的,摊销年限不应超过法律规定的有效年限;

③合同约定了受益年限,法律也规定了有效年限的,摊销年限不应超过受益年限和有效年限两者之中较短者;合同没有约定受益年限,法律也没有规定有效年限的,摊销年限不应超过10年。

无形资产的摊销期限一经确定,不得任意变更。无形资产摊销时,应按计算的摊销额,借记"管理费用——无形资产摊销"科目,贷记"无形资产"科目。

3)无形资产的处置

(1)出售无形资产

企业出售无形资产,应按实际取得的转让收入,借记"银行存款"等科目,按该无形资产已计提的减值准备,借记"无形资产减值准备"科目,按无形资产的账面余额,贷记"无形资产"科目,按应支付的相关税费,贷记"银行存款"、"应交税费"等科目,按其差额,贷记"营业外收入——出售无形资产收益"科目或借记"营业外支出——出售无形资产损失"科目。

[例6.16] 某饭店将拥有的一项专利权出售,取得收入150 000元,应交的营业税7 500元。该专利权的摊余价值为123 760元,已计提的减值准备为5 000元。有关账务处理如下:

借:银行存款 150 000

　　无形资产减值准备 5 000

　　贷:无形资产 123 760

　　　　应交税费——应交营业税 7 500

　　　　营业外收入——出售无形资产收益 23 740

(2)出租无形资产

企业出租无形资产时,所取得的租金收入,借记"银行存款"等科目,贷记"其他业务收入"等科目;发生的相关支出,借记"其他业务成本"科目,贷记"银行存款"等科目。

4)无形资产减值

如果无形资产将来为企业创造的经济利益还不足以补偿无形资产的成本(摊余成本),则说明无形资产发生的减值,具体表现为无形资产的账面价值超过了其可收回金额。

(1)检查账面价值

企业应定期对无形资产的账面价值进行检查,至少于每年年末检查一次。

在检查中,如果发现以下情况,则应对无形资产的可收回金额进行估计,并将该无形资产的账面价值超过可收回金额的部分确认为减值准备:①该无形资产已被其他新技术等所替代,使其为企业创造经济利益的能力受到重大不利影响;②该无形资产的市价在当期大幅下跌,在剩余摊销年限内预期不会恢复;③某项无形资产已超过法律保护期限,但仍然具有部分使用价值;④其他足以表明该无形资产实质上已经发生了减值的情形。

(2)可收回金额

无形资产的可收回金额指以下两项金额:①无形资产的销售净价,即该无形资产的销售价格减去因出售该无形资产所发生律师费和其他相关税费后的余额;②预计从无形资产的持续使用和使用年限结束时的处置中产生的预计未来现金流量的现值。

(3)计提减值准备

如果无形资产的账面价值超过其可收回金额,则应按超过部分确认无形资产减值准备。企业计提的无形资产减值准备计入当期的营业外支出,即借记"营业外支出——计提的无形资产减值准备"科目,贷记"无形资产减值准备"科目。

(4)已确认减值损失的转回

无形资产的价值受到许多因素的影响。当市场减值情况恢复时,旅游企业可在已计提减值准备的范围内,将以前年度已确认的减值损失予以全部或部分转回时,借记"无形资产减值准备"科目,贷记"营业外支出——计提的无形资产减值准备"科目。

[例6.17]　1995 年 1 月 1 日,某饭店外购一种无形资产,实际支付的价款为 1 200 000 元。根据相关法律,该无形资产的有效年限为 10 年,饭店估计该无形资产预计使用年限为 6 年。1996 年 12 月 31 日,由于与该无形资产相关的经济因素发生的不利变化,导致该项无形资产减值,饭店估计其可收回金额为 250 000元。1998 年 12 月 31 日,饭店发现,导致该无形资产在 1996 年发生减值损失的不利因素已经全部消失,且此时估计该无形资产的可收回金额为 400 000 元。假定不考虑所得税及其他相关税费的影响。饭店的有关账务处理如下:

①1995 年 1 月 1 日,购入无形资产。

借:无形资产　　　　　　　　　　　　　　　　1 200 000

　　贷:银行存款　　　　　　　　　　　　　　　　　1 200 000

②1995 年,无形资产摊销(120 万元÷6 =20 万元)。

借:管理费用——无形资产摊销　　　　　　　　200 000

贷:无形资产　　　　　　　　　　　　　　　　　　　200 000

③1996 年,无形资产摊销同 1995 年;

④1996 年计提减值准备(120 万元 – 40 万元 – 25 万元 = 55 万元)。

借:营业外支出——计提的无形资产减值准备　　　550 000

　　贷:无形资产减值准备　　　　　　　　　　　　　550 000

⑤1997 年无形资产摊销(账面价值 25 万元 ÷ 4 = 6.25 万元)。

借:管理费用——无形资产摊销　　　　　　　　　　62 500

　　贷:无形资产　　　　　　　　　　　　　　　　　　62 500

⑥1998 年无形资产摊销同 1997 年。

⑦1998 年 12 月 31 日减值损失转回(40 万元 – 6.25 万元 – 6.25 万元 = 27.5 万元)。

借:无形资产减值准备　　　　　　　　　　　　　　275 000

　　贷:营业外支出——计提的无形资产减值准备　　275 000

⑧1999 年无形资产摊销(账面价值 40 万元 ÷ 2 = 20 万元)。

借:管理费用——无形资产摊销　　　　　　　　　　200 000

　　贷:无形资产　　　　　　　　　　　　　　　　　　200 000

⑨2000 年无形资产摊销同 1999 年。

⑩2000 年转销无形资产和相关减值准备的余额。

借:无形资产减值准备　　　　　　　　　　　　　　275 000

　　贷:无形资产　　　　　　　　　　　　　　　　　　275 000

6.3　其他资产的核算

6.3.1　其他资产概述

旅游企业的其他资产主要是指长期待摊费用。

6.3.2　长期待摊费用的核算

1)长期待摊费用的概述

长期待摊费用是指企业已经支出,但摊销期限在一年以上(不含一年)的各项费用,包括固定资产修理支出、租入固定资产的改良支出以及摊销期限在一年以上的其他待摊费用。

(1)固定资产修理支出

固定资产修理支出是指固定资产大修理所发生的数额较大、受益期较长的费用支出,它的摊销是按修理间隔期分期平均摊销。对受益期不到一年的大修理费用应计入"管理费用"账户。超过一年的大修理费用应在"长期待摊费用"账户核算。

(2)租入固定资产改良支出

由于租入的固定资产不属于本企业所有,对其进行改良的支出,不计入固定资产账户,而应作为长期待摊费用分期摊销,进入管理费用。其摊销时间是因固定资产改良而受益的期限或工程耐用期,其摊销方法也是平均分期摊销。

(3)开办费

开办费是指企业在筹建时发生的各项费用,包括筹建期间的员工工资、业务培训费、办公费、差旅费、印刷费、注册登记费以及不计入资产价值的借款费用等。开办费应按使用年限平均摊销。

2)长期待摊费用的核算

企业发生的长期待摊费用,借记本科目,贷记有关科目。摊销时,借记"营业费用"、"管理费用"等科目,贷记本科目。本科目期末借方余额,反映企业尚未摊销的各项长期待摊费用的摊余价值。长期待摊费用应按费用的种类设置明细账,进行明细核算,并在会计报表附注中按照费用项目披露其摊余价值、摊销期限、摊销方式等。

3)长期待摊费用的账务处理

[例6.18] 某饭店在筹建期间以银行存款支付员工工资12 000元,培训费7 000元和办公费5 000元,做分录如下:

借:长期待摊费用——开办费　　　　　　24 000
　　贷:银行存款　　　　　　　　　　　　　　24 000

上项递延资产决定分5年摊销,应由本月负担的摊销数额,做分录如下:

借:管理费用——开办费摊销　　　　　　400
　　贷:长期待摊费用——开办费　　　　　　400

本章小结

旅游企业固定资产的不同种类及特点,决定了固定资产的不同管理方法,特

别是核算折旧、报废的消账以及使用"长期待摊费用"科目来分摊费用,理解起来比较复杂,但是它们都和企业每月、每年的经营成果核算直接相关,这些正是固定资产管理的特点和难点,也是在财务部工作时需要了解的知识。

本章自测题

一、思考题

1. 什么是固定资产? 它具备哪些特征?

2. 固定资产如何分类?

3. 固定资产有哪几种计价方法?

4. 什么是固定资产折旧? 折旧的主要方法有哪些? 为什么对固定资产要计提折旧?

5. 企业的固定资产增加、减少各有哪些情况?

6. 什么是无形资产? 简述其特点及内容。

7. 什么是长期待摊费用? 主要包括哪几种?

二、练习题

某饭店发生下列经济业务:

(1)2 月 1 日,上级投入空调两台,价值 100 000 元,作为国家投资。

(2)2 月 3 日,甲公司将一台八成新机器售给该宾馆,原价 12 000 元,双方协商作价 9 000 元,机器经验收交付使用,财会部门开出支票一张支付价款。

(3)2 月 4 日,乙公司拨付九成新客货两用车两辆,每辆原值 20 000 元,双方协商,每辆以 19 000 元作为其投资,经审核无误,入账。

(4)2 月 7 日向长城电脑公司购进 5 台计算机,每台 40 000 元,计价款 200 000元,包装费 200 元,运杂费 100 元,款项已支付,验收入库。

(5)2 月 10 日,请安装队安装并连网,领用电线、电缆等材料 1 000 元,予以转账。

(6)2 月 14 日,支付安装费 500 元,予以转账。

(7)2 月 15 日,安装完毕,调试成功,验收合格交付使用,予以转账。

(8)2 月 21 日,盘盈升降机一台,重置完全价值 3 000 元,估计八成新,转入经营用固定资产。

(9)2 月 28 日,盘盈的升降机一台,报请领导批准,予以核销转账。

(10)3 月 1 日,融资租入房屋一幢,租赁合同规定租赁费在 5 年内付清,要按月支付。该房屋原价 1 000 000 元,利息 200 000 元,手续费 2 000 元,全部租赁费 1 202 000 元,房屋已验收使用。

(11)3 月 31 日,签发转账支票,支付本月房屋租赁费。

(12)4 月 3 日,将不需用的包饺机报废,该项设备原值 12 000 元,已提折旧 10 500 元,予以转账。

(13)4 月 5 日,将计算机 5 台拨付联营的大方饭店,5 台计算机共计原始价值 180 000 元。已提折旧 60 000 元,双方经评估,同意以账面净值作为投资额,予以转账。

(14)4 月 7 日,有不需用空调设备一台,原始价值 40 000 元,已提折旧 12 000元,经领导批准准备出售,予以转账。

(15)4 月 10 日,将上项不需用空调设备出售,价格 25 000 元,存入银行。

(16)4 月 11 日,将出售空调的净损失转账。

(17)4 月 30 日,盘亏不需用自备发电机一台,原值 5 000 元,已提折旧 4 000 元,予以转账。

(18)4 月 30 日,盘亏的发电机一台,经领导批准,予以核销转账。

要求:编制会计分录。

第 7 章
负债的核算

【本章导读】

本章主要讲述负债的概念、特征,流动负债与长期负债的区别,各项流动负债和长期负债的核算,包括短期借款、应付账款、应付职工薪酬、应交税费、应付利息、应付债券等,其中应付职工薪酬、应交税费的账务处理是重点和难点。

【关键词】

流动负债　工资分配　应付职工薪酬　应交税费

7.1　负债概述

7.1.1　负债的概念及特点

负债是指过去的交易、事项形成时的现时义务,履行该义务预期会导致经济利益流出企业。

负债具有如下基本特征:

①负债是企业的现时义务。负债作为企业承担的一种义务,是由企业过去的交易或事项形成的、现已承担的义务。比如应付账款是因为赊销商品或接受劳务形成的,在这种购买发生之前,相应的应付账款并不存在。

②负债的清偿预期会导致经济利益流出企业。无论负债以何种形式出现,作为一种现时义务,最终的履行均会导致经济利益流出企业。

7.1.2　负债的分类

负债按照偿还期限的长短,可分为流动负债和长期负债。

　　流动负债是指将在1年(含1年)以内或超过1年的一个营业周期内偿还的债务。长期负债是指偿还期在1年以上或超过1年的一个营业周期以上的债务。

7.2　流动负债的核算

　　流动负债是指企业将在1年内(含1年)或超过1年的一个营业周期内偿还的债务,包括短期借款、应付票据、应付账款、其他应付款、应付职工薪酬、应交税费、应付利润等。

7.2.1　流动负债的特点

　　流动负债有以下特点:
　　①偿还期较短。流动负债在1年内或超过1年的一个营业周期内偿还。
　　②流动负债的目的一般是为了满足企业正常生产经营周转的需要。

7.2.2　流动负债的分类

　　流动负债包括的会计科目很多,归纳起来可划分为两大类:一类是到期日应付金额确定的流动负债,这类负债主要有:短期借款、应付账款、其他应付款、应付职工薪酬等;另一类是应付金额视经营状况而定的流动负债,包括应交税费、应付利润及其他应交款等。

7.2.3　流动负债的核算

1)短期借款
　　短期借款是指企业为了生产经营的需要,从金融机构或其他信托单位借入偿还期在一年以内的各种借款,包括流动资金周围借款和结算借款等,它是企业流动负债的重要组成部分。
　　为了总括地反映和监督短期借款的取得和归还情况,会计上设置"短期借款"账户,该账户核算企业借入期限在一年以下的各种借款,账户的贷方登记借入的短期借款金额,借方登记归还的借款金额,期末余额在贷方,反映企业借入

尚未归还的借款金额。企业按债权人或借款种类设置明细账,进行分类核算。

（1）取得短期借款的处理

企业借入的各种短期借款,借记"银行存款"科目,贷记"短期借款"科目。

（2）短期借款利息的处理

按照货币的时间价值,企业在占用短期借款时间内或归还时,还应支付一定的借款利息。由于企业借入短期借款的目的是为了满足生产经营周转的需要,所以利息支出应计入财务费用。利息的支付方式不同,在会计上也应分情况处理。

①如果短期借款的利息按期支付或者到期还本付息,且金额较大,为了准确计算各期盈亏,可以按期预提计入费用。预提时,应按预提利息额借记"财务费用",贷记"应付利息"。实际支出月份,按已经预提的利息额借记"应付利息",贷记"银行存款"。当月应负担的利息额,直接借记"财务费用",贷记"银行存款"。

②若企业的短期借款利息按月支付,或到期还本付息,但金额较小,可不采用预提办法,而将实际支付的短期借款利息一次计入财务费用。

下面举例说明短期借款的会计核算。

[例7.1]　某旅游企业4月1日向某金融机构借入一笔短期借款,金额300 000元,借款合同规定7月15日一次还本付息,年利率为6%。

借入时做分录如下:

借:银行存款　　　　　　　　　　　　　　　　　300 000
　　贷:短期借款——某金融机构　　　　　　　　　　300 000

若企业采用预提利息办法,则每月(4月、5月、6月)应预提利息1 500元,做会计分录如下:

借:财务费用——利息支出　　　　　　　　　　　1 500
　　贷:应付利息　　　　　　　　　　　　　　　　1 500

到期还本付息,企业已累计预提利息4 500元,而7月份应计算14天利息为700元(300 000×6%/12×14/30=700),不必再预提,可直接计入财务费用。做分录如下:

借:短期借款——某金融机构　　　　　　　　　　300 000
　　应付利息　　　　　　　　　　　　　　　　　4 500
　　财务费用——利息支出　　　　　　　　　　　700
　　贷:银行存款　　　　　　　　　　　　　　　　305 200

若该企业不采用预提办法,而是将利息在支付时一次计入当期损益,则做分

录如下：

　　借：短期借款——某金融机构　　　　　　　　　　300 000
　　　　财务费用——利息支出　　　　　　　　　　　　5 200
　　　　　贷：银行存款　　　　　　　　　　　　　　　305 200

（3）归还短期借款的处理

归还短期借款时，借记"短期借款"科目，贷记"银行存款"科目。

2）应付票据

　　应付票据是由出票人出票，由承兑人承诺在一定时期内支付一定金额的书面证明。在我国，应付票据是在商品购销活动中，由于采用商业汇票结算方式而发生的，由收款人或付款人（或承兑申请人）签发，承兑人承兑的票据。商业汇票按承兑人的不同分为商业承兑汇票和银行承兑汇票，适用于同城或异地结算，一般期限不超过6个月。

　　为了总括地反映和监督应付票据的发生和偿还情况，会计上设置"应付票据"账户，企业开出承兑汇票或以承兑汇票抵付货款时，记入该账户贷方，借记"原材料"、"低值易耗品"、"库存商品"等账户；票据到期付款应借记本账户，贷记"银行存款"账户。

　　商业汇票按票面是否注明利率分为带息票据和不带息票据，在会计核算上应分情况处理。

　　（1）带息票据的会计处理

　　应付票据若为带息票据，其应付利息在会计核算中有两种处理方法：①按期预提利息。企业按票据的票面价值和票据规定的利率计算预提应付利息，借记"财务费用"，贷记"应付票据"。②利息支付时的处理。如果票据期限较短，且利息金额较小，为简化会计核算手续，可以在票据到期支付票据金额和利息时，将利息支出一次计入财务费用。

　　由于应付票据期限较短，最长承兑期不超过6月，是否按期预提利息对损益影响不大，因此我国的会计实务中一般采用第二种方法。

　　（2）不带息票据的会计处理

　　不带息票据，其面值就是票据到期时应支付的金额。有两种情况：一种的票据面值所载金额不含利息；另一种是面值中含有一部分利息，但票面上未注明利率。第一种情况，会计处理上按面值入账；第二种情况，由于我国应付票据期限一般较短，利息不大，所以在会计实务中作为不带息票据核算，以面值入账。

　　现举例说明应付票据的会计核算。

　　[例7.2]　某旅游企业于4月15日开出面值117 000元、5月15日到期的

商业汇票一张,用于采购物料,采购价100 000元,增值税17 000元。

①购入时,做会计分录如下:

借:原材料——物料用品　　　　　　　　　　　117 000

　贷:应付票据　　　　　　　　　　　　　　　　117 000

②到期付款,做分录如下:

借:应付票据　　　　　　　　　　　　　　　　117 000

　贷:银行存款　　　　　　　　　　　　　　　　117 000

若为带息票据,到期付款时企业除应支付票面金额外,还应支付利息。仍以上题为例,票面利率为5%,则应付利息为585元。

①购入时会计分录同前。

②到期付款时,做分录如下:

借:应付票据　　　　　　　　　　　　　　　　117 000

　财务费用——利息支出　　　　　　　　　　　　 585

　贷:银行存款　　　　　　　　　　　　　　　　117 585

若票据到期,企业账户中无款支付,则应将应付票据转入"应付账款"或"短期借款"中,以例7.2中不带息票据为例,会计分录如下:

①商业承兑汇票到期无款支付:

借:应付票据　　　　　　　　　　　　　　　　117 000

　贷:应付账款　　　　　　　　　　　　　　　　117 000

②银行承兑汇票到期无款支付:

借:应付票据　　　　　　　　　　　　　　　　117 000

　贷:短期借款　　　　　　　　　　　　　　　　117 000

3)应付账款

应付账款是指因企业购买货物或接受劳务等而发生应付供应单位的款项。应付账款与应付票据是不同的,前者是尚未结清的债务,后者是延期付款的证明。

应付账款一般应按应付金额入账,而不应按到期应付金额的现值入账,如果购入资产形成应付账款时带有折扣(现金折扣、销售折扣)不影响账务处理。应付账款的入账金额的确定有两种方法:

(1)总价法

总价法即按发票上记载的金额入账,如果在折扣期限内支付货款,所享受的购货折扣,应视为企业的理财收益,冲减当期财务费用。

（2）净价法

净价法即按发票上记载的全部金额扣除最大折扣后的净额入账。如果企业超过折扣期付款，所丧失的折扣优惠，应视为企业资金调度不力，作为理财损失，计入财务费用。我国一般采用总价法。

为了总括地反映和监督企业应付账款的发生和偿付，会计上设置"应付账款"账户。该账户核算企业因购买商品、材料、物资或接受劳务而应支付给供应者的款项。购入时借记"原材料"等相关账户，贷记本账户。付款时借记本账户，贷记"银行存款"等账户。期末贷方余额表明应付未付款项。该账户应按客户分类设置明细账，进行分类核算。现举例说明应付账款的会计核算。

[例7.3]　某宾馆赊购原材料计30 000元，发票标明折扣2/10n/20，增值税5 100元。做会计分录如下：

①购入原材料：

借：原材料　　　　　　　　　　　　　　　　　　　35 100

　　贷：应付账款　　　　　　　　　　　　　　　　　　　35 100

②若10天内付款，则享受折扣702元：

借：应付账款　　　　　　　　　　　　　　　　　　　35 100

　　贷：银行存款　　　　　　　　　　　　　　　　　　　34 398

　　　　财务费用　　　　　　　　　　　　　　　　　　　702

③若10天后付款，则丧失折扣优惠：

借：应付账款　　　　　　　　　　　　　　　　　　　35 100

　　贷：银行存款　　　　　　　　　　　　　　　　　　　35 100

应付账款一般应在较短的期限内支付，有些应付账款由于债权单位撤销或其他原因使企业无法支付这笔应付款项，则将此款项直接记入资本公积。

仍以例7.3为例，若到期该笔款项无法支付，则做分录如下：

借：应付账款　　　　　　　　　　　　　　　　　　　35 100

　　贷：资本公积——其他资本公积　　　　　　　　　　　35 100

4）其他应付款

其他应付款是指企业经营过程中发生的除应付账款、应付职工薪酬、应付福利费、应交税费等以外的其他各种应付或暂收其他单位或职工个人的款项，如应付租入固定资产和包装物租金、应付统筹退休金等。

为了总括地反映其他暂收及应付款项的发生、支付等情况，会计上设置"其他应付款"账户，该账户的贷方登记发生的各种其他暂收、应付款项，借方登记各种款项的偿付或转销，贷方余额反映应付未付款项，该账户应应应付、暂收等

款项的类别或单位或个人设置明细账,进行分类核算。

现举例说明其他应付款的会计核算。

[**例7.4**] 某宾馆2000年4月份发生下列其他应付款:

①销售啤酒100箱,售价46.8元/箱,收包装物押金200元,做分录如下:

借:银行存款　　　　　　　　　　　　　　　4 880

　　贷:主营业务收入　　　　　　　　　　　　　　　4 680

　　　　其他应付款——包装物押金　　　　　　　　　　200

②代扣职工本月应交水电费3 100元,做分录如下:

借:应付职工薪酬　　　　　　　　　　　　　3 100

　　贷:其他应付款——代扣水电费　　　　　　　　　3 100

③月末收回包装物、退还押金及上缴水电费,做分录如下:

借:其他应付款　　　　　　　　　　　　　　3 300

　　贷:银行存款　　　　　　　　　　　　　　　　3 300

5)应付工资

应付工资是企业对职工个人的一项负债,是企业使用职工的知识、技能、时间、精力而给予职工的一种补偿。会计核算上设置"应付职工薪酬——应付工资"账户进行反映,包括在工资总额内的各种奖金、津贴、补贴等,不论是否本月支付,都应通过本科目核算。分配工资费用时,贷记本科目;发放工资时,借记本科目。

(1)工资总额

工资总额是单位在一定时间内支付给本单位全部在职职工的劳动报酬,工资总额组成的具体内容由下列6个部分组成:

①计时工资;

②计件工资;

③奖金,指支付给职工的超额劳动报酬和增收节支的劳动报酬;

④津贴和补贴,是为了补偿职工特殊或额外劳动消耗和因其他特殊原因支付给职工的津贴,以及为了保证职工工资水平不受物价影响支付给职工的物价补贴;

⑤加班加点工资,是指按规定支付的加班工资和加点工资;

⑥特殊情况下支付的工资,包括根据国家法律、法规和政策的规定,因病、工伤、产假、计划生育、婚丧假、事假、探亲假、定期休假、停工学习、执行国家或社会义务等原因,按计时工资标准或计时工资标准的一定比例支付的工资以及附加工资、保留工资等。

(2)工资发放

旅游企业的工资形式一般以计时工资为主,企业以人事、劳动工资部门的职工录用、考勤、调动、工资级别调整和工资津贴变动情况的书面凭证作为工资结算的依据。

$$应付工资 = 工资总额 - 事假应扣工资 - 病假应扣工资$$

但企业发给职工的工资,不一定是职工实际应得工资的全部,有些必须由职工个人负担的费用,需要由企业代扣代缴,如企业为职工代垫房租、水电费等。因此实发工资计算公式如下:

$$实发工资 = 应付工资 - 代扣代缴款项$$

发放工资时,借记"应付职工薪酬"账户,贷记"银行存款"或"库存现金"账户。

(3)工资分配

对于本月应发放的工资,在月份终了时都要进行分配,计入有关费用。工资应按照职工所在岗位进行分配。如从事经营的职工,其工资应构成企业的营业费用,管理人员工资应计入管理费用,在建工程人员工资计入在建工程成本等。

现举例说明工资发放和分配的会计核算。

[例7.5] 某旅游公司本月发生下列工资支出事项:业务部门人员工资30 000元,管理部门人员工资8 000元,基建工程人员工资12 000元,其中代扣职工水电费3 500元。会计账务处理如下:

①本月从银行提取现金,备发工资:

借:库存现金   46 500

 贷:银行存款   46 500

②以现金发放工资:

借:应付职工薪酬——应付工资   50 000

 贷:库存现金   46 500

  其他应付款——水电费   3 500

③月份终了,将应付工资进行分配,计入相关费用:

借:营业费用   30 000

 管理费用   80 000

 在建工程   12 000

 贷:应付职工薪酬——应付工资   50 000

6)应付福利费

应付福利费是企业准备用于职工福利方面的资金,这是企业使用了职工的

劳动、技能、知识等以后,除了有义务承担必要的劳动报酬外,还必须负担对职工个人福利方面的义务。

我国企业中按规定用于职工福利方面的资金来源,包括在费用中提取和税后利润中提取的。从费用中提取的职工福利费,按工资总额的 14% 计提,主要用于职工个人福利,在会计核算上将其作为一项负债反映。

为了总括地反映和监督职工福利费的提取和使用情况,会计上设置"应付职工薪酬——应付福利费"账户,该账户贷方登记职工福利费的提取数,借方登记使用数,期末余额一般在贷方,表示企业已提取尚未使用的职工福利费的结存数。如果余额在借方,则反映企业福利费的超支数。

按工资总额 14% 计提的福利费,应按照职工所在岗位分配。从事经营业务的人员的福利费计入营业费用,在建工程人员的福利费计入在建工程成本,行政管理人员的福利费计入管理费用。

现举例说明应付福利费的计提、使用和分配的会计核算。

[例 7.6] 某大酒店 2000 年 4 月份工资表中,业务人员工资 30 000 元,在建工程人员工资 12 000 元,管理人员工资 8 000 元,按工资总额 14% 计提福利费。做会计分录如下:

①计提分配时:

借:营业费用	4 200
在建工程	1 680
管理费用	1 120
贷:应付职工薪酬——应付福利费	7 000

②实际使用时:

借:应付职工薪酬——应付福利费	7 000
贷:库存现金	7 000

7)应付利息

应付利息是指企业在经营活动中,已预提但尚未支付的利息费用。按照权责发生制原则,企业在正常的经营活动中发生的一些费用,虽然不一定在当期支付,但在支付前各会计期间已经受益,因此应当预先计提,计入会计期间的损益,留待以后支付,从而形成一笔流动负债。为了总括地反映预提费用的提取和使用情况,会计上设置"应付利息"账户。该账户的贷方登记企业预先提取以待支付的金额。提取时,借记"财务费用"等科目,贷记本科目;实际支付时,借记本科目,贷记"现金"或"银行存款"科目;期末余额一般在贷方,反映预提但尚未使用的金额,借方余额则表示本期超支数。

现举例说明应付利息的会计核算。

[例7.7]　某宾馆借入 5 个月短期借款 800 000 元,年利率为 6%,到期还本付息,该宾馆会计上处理短期借款利息采用预提的办法。会计分录如下:

①前 4 个月预提利息,做相同分录。

借:财务费用——利息支出　　　　　　　　　　　4 000

　　贷:应付利息　　　　　　　　　　　　　　　　　　4 000

②第 5 个月到期还本付息。

借:短期借款　　　　　　　　　　　　　　　　800 000

　　财务费用——利息支出　　　　　　　　　　　4 000

　　应付利息　　　　　　　　　　　　　　　　16 000

　　贷:银行存款　　　　　　　　　　　　　　　　820 000

8)应交税费

税金是企业在经营过程中,按照国家税法规定向国家缴纳的一部分纯收入,是国家积累资金的主要来源之一。

旅游企业作为纳税义务人,按照现行税法规定,主要交纳营业税、增值税、城市维护建设税、房产税、车船使用税、土地使用税、印花税、所得税和教育费附加等。

旅游企业缴纳的印花税以及其他不需要预计应交数的税金不在“应交税费”账户核算。

(1)营业税和城市维护建设税

①营业税是指在我国境内提供劳务、转让无形资产或销售不动产的单位和个人按其营业收入征收的一种税。饭店、旅馆等企业应按营业收入计征营业税,旅行社应按营业收入净额(营业收入扣除代收代缴房费、餐费和车费等)计征营业税。旅游服务业税率一般为 5%,娱乐业的税率为 5% ~20% 。

营业税应纳税额计算公式:

营业税应纳税额 = 营业收入合计 × 适应税率

②城市维护建设税是国家为了扩大和稳定城市乡镇公共设施和基础建设,对享用市政设施的企业,以其应纳营业税和增值税为计税依据征收的一种地方税。因此,城市维护建设税因企业所在地的不同而以不同的税率计征,并与营业税和增值税同时缴纳。城市维护建设税税率如下:纳税人所在地为市区的,税率为 7%;纳税人所在地为县城、镇的,税率为 5%;纳税人所在地不在市区、县城或镇的,税率为 1% 。

城市维护建设税额计算公式:

城市维护建设税 = 营业税税额 × 适应税率

为了总括地反映和监督营业税的交纳情况,会计上设置"应交税费"科目及"应交营业税"和"应交城市维护建设税"明细科目核算。本科目贷方发生额反映企业应交纳的营业税与城市维护建设税,借方反映交纳金额,期末贷方余额反映企业应交未交营业税与城市维护建设税,借方余额则表示多交税款金额。

城市维护建设税发生时,一并借记"营业税金及附加",记入当期费用。

③教育费附加。在实际工作中,与上述两项税金同时缴纳的还有教育费附加,它是以各单位和个人实际缴纳的增值税、营业税的税额为计征依据,教育费附加率为3%。教育费附加是国家为了发展我国的教育事业,提高人民文化素质而征收的一项费用。

教育费附加额计算公式:

教育费附加额 = 营业税税额 × 适应税率

教育费附加在"应交税费"科目下设置"应交教育费附加"明细科目。企业按规定计提教育费附加,借记"营业税金及附加",贷记本科目,交纳时,借记本科目,贷记"银行存款"科目。

现举例说明营业税、城市维护建设税和教育费附加的会计核算。

[例7.8] 某旅馆2003年4月份主营业务收入为120 000元,营业税税率为5%,城市维护建设税税率为7%,教育费附加率为3%。该旅馆以1个月为纳税期限。

3个项目计算如下:120 000 × 5%元 = 6 000元

6 000 × 7%元 = 420元

6 000 × 3%元 = 180元

合计 6 600元

a.4月30日,预计应交营业税与应交城市维护建设税,编制会计分录如下:

借:营业税金及附加 6 600

　贷:应交税费——应交营业税 6 000

　　　应交税费——应交城市维护建设税 420

　　　应交税费——应交教育费附加 180

b.5月份纳税申报,并用银行存款缴纳,编制会计分录如下:

借:应交税费——应交营业税 6 000

　　应交税费——应交城市维护建设税 420

　　应交税费——应交教育费附加 180

　贷:银行存款 6 600

（2）增值税

增值税是指对在我国境内销售货物或提供加工、修理修配劳务，以及进口货物的单位和个人，就其取得的货物或各劳务销售额以及进口货物金额计算税款，并实行税款抵扣的一种流转税。旅游服务企业从事的商品购销业务应缴纳增值税。

增值税的纳税人分为一般纳税人和小规模纳税人两种。小规模纳税人是指年销售额在财政部门规定数额以下、会计核算不健全的纳税人，除此之外的增值税纳税人为一般纳税人。它们的核算方法是不同的。小规模纳税人按4%征收率计征增值税，购进商品时，增值税计入成本，不得抵扣。一般纳税人购进商品时，按专用发票上列明的税款，借记"应交税金（进项税额）"账户。

旅游服务企业主要以零售业务为主，在销售商品时一般填制普通发票或不填发票，商品的售价中已包含了增值税额，取得的销售也是含税收入。增值税是价外税，因此，在月末应将含税收入调整为不含税的销售额，以此作为计税依据计算销项税额，其计算公式如下：

不含税销售额 = 含税销售收入 ÷（1 + 增值税税率）

销项税额 = 销售额 × 增值税税率

应纳税额 = 销项税额 - 进项税额

[例7.9] 某宾馆本月购入饮料，共计100 000元，进项税17 000元，销售额128 700元；购入彩电10台，单价2 600元，共计26 000元，进项税额4 420元；用于职工福利购入啤酒等共计8 000元。其中彩电用于固定资产购置，购福利用啤酒等都不计增值税。只有饮料计算增值税，其增值税计算如下：

不含税销售额 = 128 700 ÷（1 + 17%）元 = 110 000元

销项税额 = 110 000 × 17%元 = 18 700元

①月末计算销项税额，编制会计分录如下：

借：银行存款 18 700

　　贷：应交税费——应交增值税（销项税额） 18 700

②根据规定可予以抵扣的进项税额为17 000元，因此缴纳增值税的会计分录为：

借：应交税费——应交增值税（已交税金） 17 000

　　贷：银行存款 17 000

（3）房产税、车船使用税、土地使用税、印花税

房产税是指拥有房产的企业按其计税价值（余额或出租收入）征收的一种税。房产税依照房产原值一般扣除10% ~30%后的余额按1.2%的比例计算，

分季交纳。

车船使用税由拥有并且使用车船的单位和个人交纳。

土地使用税是国家为了合理利用城镇土地,调节土地级差收入,提高土地使用效益,加强土地管理而开征的一种税。土地使用税以纳税人实际占用的土地面积为计税依据。

印花税是对书立、领受购销合同等凭证行为征收的税款,实行由纳税人自行计算应纳税额,购买并一次贴足印花税票的办法。

房产税、车船使用税、土地使用税也通过"应交税费"账户核算。发生时,借记"管理费用",贷记"应交税费——应交房产税、土地使用税、车船使用税",而印花税采用由纳税人一次购买并贴足印花税票的纳税办法,因此在购买时借记"管理费用",贷记"银行存款"。

(4)所得税

企业所得税是国家以企业的应纳税所得额为课税对象征收的一种税。它是国家以社会管理者身份参与企业收益分配的一种形式。这里的应纳税所得额是指企业收入总额按规定扣减有关项目后的计税所得,其计算公式如下:

$$纳税所得额 = 收入总额 - 准予扣除项目金额$$
$$应纳所得税额 = 纳税所得额 \times 税率$$

收入总额包括生产经营收入、财产转让收入、利息收入、租赁收入、特许权使用费收入、股息收入和其他收入。准予扣除项目包括成本、费用、税金和损失。不得扣除项目包括资本性支出,无形资产受让,开发支出,违法经营的罚款和被没收财物的损失,各项税收的滞纳金、罚金和罚款,自然灾害或者意外事故损失有赔偿的部分,超过国家规定允许扣除的公益和救济性的捐赠以及非公益、救济性的捐赠,各种赞助支出,与取得收入无关的其他各项支出。

按照国家有关法律规定,企业应交纳的所得税通过设置"所得税费用"科目来反映。本科目借方发生额反映企业应交纳的所得税,贷方反映期末结转到"本年利润"科目的金额,结转后期末无余额。

[例7.10] 某宾馆2月份实现利润200 000元,其超规定支出与罚没支出30 000元,国债利息收入10 000元,所得税率35%。其中超规定支出与罚没支出应交所得税,而国债利息不计税,故计算应纳税所得额220 000元(200 000 + 30 000 - 10 000)。编制会计分录如下:

借:所得税费用　　　　　　　　　　　　　　　　77 000

　贷:应交税费——应交所得税　　　　　　　　　　　77 000

9)应付利润

企业作为独立核算的主体,对其税后利润在提取法定盈余公积金和特种基金后,剩余的部分还可以按一定比例分配给投资人,因此,企业分配给投资人的利润在未实际支付之前,形成一笔负债。为总括地反映和监督这一负债情况,会计上设置"应付利润"账户核算,本科目贷方反映应支付给投资人的税后利润,借方反映已支付的金额,期末余额若在贷方,表示应付但尚未支付的利润。按照国家有关法律规定,实行股份制的企业应分给投资者的股利设置"应付股利"科目来反映。

应付利润包括应付国家、其他单位以及个人的投资利润。

[例7.11] 某旅游公司实现税后净利1 000 000元,按协议规定,应向投资人某公司按30%比例支付利润。

①计算分配给投资人利润时:

借:利润分配——应付利润　　　　　　　　　　　300 000

　　贷:应付利润——某公司　　　　　　　　　　　　　300 000

②实际支付时:

借:应付利润——某公司　　　　　　　　　　　300 000

　　贷:银行存款　　　　　　　　　　　　　　　　　　300 000

若该公司为股份有限公司,则:

借:利润分配——应付股利　　　　　　　　　　300 000

　　贷:应付股利　　　　　　　　　　　　　　　　　　300 000

7.3 长期负债的核算

7.3.1 长期负债的特点及分类

1)长期负债的特点

长期负债是指偿还期在一年或超过一年的一个营业周期以上的债务。和流动负债相比,长期负债的特点是金额较大,偿还期限较长;利息费用构成企业长期的固定性支出,加重了企业的债务负担;长期负债到期之前需要提前准备还债所需的货币等。上述长期负债的特点说明,饭店应加强长期负债的管理,慎重选

择长期负债的方式、渠道,适当地确定举债规模,同时要加强长期负债的核算。

但对于企业所有者来说,举借长期负债也有以下几个方面的好处:

①保证了控股权。若发行股票,则他们的控股权会因新股东的加入而减弱。

②长期负债的资金成本较低,且不享受企业的额外利润。

③长期负债的利息有抵税作用。

2)长期负债的分类

旅游企业的长期负债一般分为长期借款、长期应付债券、长期应付款三大类。

长期借款是指按照国家规定向银行或其他单位借入的偿还期在一年以上的各种借款。长期借款按来源可分为金融机构贷款(如银行、信托投资公司等)和其他单位贷款(如财政部门、主管部门);按贷款用途可分为经营贷款、基本建设贷款等。

长期应付债券是企业筹集长期使用资金而发行的一种书面凭证,通过凭证上所记载的利率、期限等,表明企业允诺在未来某特定日期还本付息。长期应付债券按发行方式可分为记名债券、不记名债券、可转让债券等;按偿还方式可分为一次还本债券、分期还本债券、通知还本债券等;按发行价值可分为面值发行债券、折价发行债券、溢价发行债券等。

长期应付款是指企业发生的除了长期借款和长期应付债券以外的长期负债,包括补偿贸易引进设备应付款、融资租入固定资产应付款。

7.3.2　长期负债的计价与核算

1)长期借款

为了总括地反映和监督长期借款的借入以及本息的归还情况,会计上设置"长期借款"账户,该账户用来核算企业借入的期限在一年以上的各种借款。该账户贷方登记借款本息的增加数,借方登记借款本息的归还数,期末贷方余额反映尚未归还的借款本息,该账户应按借出单位设置明细账,分类核算。

对于长期借款的利息支出和有关费用以及外币借款的折算差额应分情况处理。

①属于筹建期间的长期借款,借记"长期待摊费用",贷记"长期借款"科目,于生产经营开始当月依次转入损益。

②属于购建固定资产的借款费用,在固定资产尚未交付使用,或者虽已交付

使用但尚未办理竣工结算之前发生的,计入固定资产购建成本,固定资产办理竣工结算以后发生的,计入当期损益。

③属于生产经营期间的,计入财务费用,借记"财务费用"科目,贷记"长期借款"科目。

[例7.12] 2001年底开办的某旅游公司借入长期借款100万元,期限15年,年利率12%。其中筹建期间用去了20万元,负担2个月利息,80万元用于2002年1月购入固定资产,且于2002年4月底交付使用。编制会计分录如下:

a.借入款项时:

借:银行存款   1 000 000
   贷:长期借款   1 000 000

b.筹建期间利息支出4 000元(200 000×2×12%/12):

借:长期待摊费用——开办费   4 000
   贷:长期借款   4 000

c.购建固定资产投入使用前的利息支出32 000元:

借:固定资产   32 000
   贷:长期借款——应付利息   32 000

d.该公司开办后及固定资产投入使用后,利息支出按月计提10 000元(1 000 000×12%/12),计入当期财务费用:

借:财务费用——利息支出   10 000
   贷:长期借款——应付利息   10 000

e.到期还本付息:

借:长期借款   1 000 000
   长期借款——应付利息   1 800 000
   贷:银行存款   2 800 000

2)应付债券

企业发行的一年以上或超过一年的一个营业周期以上偿还的债券,构成了企业的一项长期负债。为了总括地反映和监督应付债券的发行、归还和付息情况,会计上设置"应付债券"账户进行核算,该账户贷方登记应付债券本息,借方登记归还债券本息,期末余额在贷方,反映企业发行尚未归还的债券本息。本账户下设债券面值、债券溢价、债券折价和应计利息4个二级明细科目。

(1)债券的发行价格

企业发行债券时,除了受当时的市场利率、供求关系的影响外,还受到票面利率、企业信誉、债券期限等方面的影响,为了协调债券购销双方在债券利息上

的利益,就要对债券的发行价格进行调整。所以债券的发行价格分为面值发行、溢价发行和折价发行3种。

①面值发行。当债券票面利率等于市场利率时,债券的发行价格等于面值,称为面值发行。

②溢价发行。当债券票面利率高于市场利率,可按超过债券票面值的价格发行。这种按超过票面价值的价格发行称为溢价发行。溢价发行表明企业因以后各期多付利息而事先获得的报酬。

③折价发行。当债券票面利率低于市场利率,可按低于债券票面价值的价格发行,称为折价发行。折价发行表明企业因以后各期少付给投资者的利息而给予其价格上的补偿。

无论是面值发行还是溢价或折价发行,均应按债券面值贷记“应付债券”科目。

[例7.13] 某旅游公司2003年4月份发行5年期债券,票面利率为8%,到期一次还本付息。

a.若根据市场利率计算债券发行价格,则该债券为面值发行,会计分录如下:

借:银行存款　　　　　　　　　　　　　　　　1 000 000
　　贷:应付债券——债券面值　　　　　　　　　　　　1 000 000

b.若该债券发行价格为1 200 000元,则为溢价发行,会计分录如下:

借:银行存款　　　　　　　　　　　　　　　　1 200 000
　　贷:应付债券——债券面值　　　　　　　　　　　　1 000 000
　　　　应付债券——债券溢价　　　　　　　　　　　　　200 000

c.若该债券发行价格为800 000元,则为折价发行,会计分录如下:

借:银行存款　　　　　　　　　　　　　　　　　800 000
　　应付债券——债券折价　　　　　　　　　　　　200 000
　　贷:应付债券——债券面值　　　　　　　　　　　　1 000 000

(2)债券折价、溢价的摊销和利息核算

债券溢价属于应付债券成本的减项,债券折价属于应付债券的成本。债券溢价、折价摊销就是指债券溢价应逐期在利息费用中扣除,债券折价应逐期转作利息费用。债券转销主要有直线法和实际利率摊销法。

在核算中,如果发行债券筹集的资金是用于购建固定资产,则应付债券上的应计利息、溢价或折价的摊销以及支付债券发行手续费和印刷费,在资产尚未达到使用状态前计入在建工程成本,在固定资产交付使用后计入财务费用。债券上的应计利息,应按权责发生制原则按期预提,一般可按年计提。债券溢价、折价在存续期内摊销一般采用直线法。

现以例7.13说明债券折价、溢价的摊销和利息核算。

①若按面值发行,每年应提利息80 000元,会计分录如下:

借:财务费用——利息支出　　　　　　　　　　　　80 000

　　贷:应付债券——应计利息　　　　　　　　　　　　　80 000

②若发行价格为1 200 000元,则:

每年应计债券利息=1 000 000×8%元=80 000元

每年应摊销溢价=200 000÷5元=40 000元

每年应负担的费用=80 000元-40 000元=40 000元

会计分录如下:

借:财务费用(或在建工程)　　　　　　　　　　　　40 000

　　应付债券——债券溢价　　　　　　　　　　　　　40 000

　　贷:应付债券——应计利息　　　　　　　　　　　　　80 000

③若发行价格为800 000元,则:

每年应计债券利息=1 000 000×8%元=80 000元

每年应计摊销折价=200 000÷5元=40 000元

每年应计利息和费用=80 000元+40 000元=120 000元

会计分录如下:

借:财务费用(或在建工程)　　　　　　　　　　　　120 000

　　贷:应付债券——应计利息　　　　　　　　　　　　　80 000

　　　　应付债券——债券折扣　　　　　　　　　　　　　40 000

(3)债券偿还

①到期偿还。债券到期时,债券的溢价和折价也会转销完毕,所以对于一次还本付息债券来说,应付债券账户下应付金额就是"应计利息"与"债券面值",偿还时,借记"应付债券"科目下"应计利息"和"债券面值"明细科目,贷记"银行存款"。

②提前偿还。提前偿还是指债券发行后,未到偿还日而归还本金。提前偿还一般有两种情况:一种是发行债券时就规定,债券发行单位有提前偿还权;另一种是债券属上市交易的,债券单位通过证券市场回购自己的债券,从而达到提前偿还的目的。在核算中应注意将提前偿还债券的溢价或折价未转销部分注销,在提前偿还业务中,多付或少付的利息费用应计入财务费用中。

现阶段,我国大部分企业债券为到期一次还本付息债券,所以每年只计提利

息费用而并不立即支付。因此,在会计上设置"应付债券——应计利息"明细账户用来核算利息费用,每年计息时记入该账户的贷方,到期连同本金一次支付时,借记本科目。

现以例 7.13 说明债券到期偿还的会计核算。

该债券到期后,累计计提利息费用为 400 000 元,即"应付债券——应计利息"账户金额为 400 000 元,编制会计分录如下:

借:应付债券——债券面值　　　　　　　　　　1 000 000
　　应付债券——应计利息　　　　　　　　　　400 000
　　贷:银行存款　　　　　　　　　　　　　　　　1 400 000

3)长期应付款

企业发生的除了长期借款和应付债券以外的长期负债,应设置"长期应付款"科目进行核算。长期应付款包括补偿贸易引进设备应付款、融资租入固定资产应付款。

(1)补偿贸易引进设备款

补偿贸易是从国外引进设备,再用该设备生产的产品或提供的服务归还设备价款。一般情况下,设备的引进和偿还设备价款没有现金的流入和流出。在会计核算上,企业在引进设备时,按设备价款、运杂费、保险费等,借记"固定资产",贷记"长期应付款"账户,另一方面以产品或劳务偿还设备款时,作为企业销售收入或营业收入处理。

现举例说明补偿贸易引进设备款的会计核算。

[例 7.14]　某游乐场从法国引进一套设备,价款折合人民币 2 000 000 元(不需安装可直接使用),游乐场将在以后 4 年内每年向该国提供 1 000 人次的服务,每人次 500 元,偿还该设备款。

①引进该设备时,编制会计分录如下:

借:固定资产　　　　　　　　　　　　　　　　2 000 000
　　贷:长期应付款——补偿贸易引进设备款　　　　2 000 000

②以后 4 年中每年提供 1 000 人次的服务,编制会计分录如下:

借:应收账款　　　　　　　　　　　　　　　　500 000
　　贷:主营业务收入　　　　　　　　　　　　　　500 000

③第一年用提供服务的应收账款偿还补偿贸易引进设备款,编制会计分录如下:

借:长期应付款——补偿贸易引进设备款　　　　500 000
　　贷:应付账款　　　　　　　　　　　　　　　　500 000

（2）融资租入固定资产应付款

融资租入固定资产是指企业通过分期支付租赁费取得设备的使用权。企业租入设备后定期支付租赁费，期满后付一笔很小的代价即名义价格，即可取得固定资产的所有权，但从交易的实质上，由于租赁资产的一切风险和报酬都已转移给承租方，因此，会计上把融资租入固定资产视同自有固定资产核算，同时将取得的融资，作为一项负债反映。

会计上在"长期应付款"下设置"应付融资租入固定资产租赁费"明细账户，该账户贷方登记应支付的租赁费，借方登记企业支付的租赁费，期末贷方余额反映尚未支付的租赁费。

按规定，企业以融资租入固定资产，按照租赁协议或合同确定的价款加上运输费、途中保险费、安装调试费以及投入使用前的利息支出等的价值作为固定资产原价，相应地，由融资租入固定资产而产生的长期应付款也应包括这些内容。

本章小结

本章主要介绍了旅游企业负债的分类、内容、特点及核算，重点对短期负债的管理和核算进行了说明。国内旅游企业在体制改革、进入市场后，筹资工作就变得越来越重要，企业的负债也会越来越多。

本章自测题

一、思考题

1. 什么是负债？包括哪些内容？
2. 流动负债包括哪些种类？
3. 什么是短期借款？应如何对其进行核算？
4. 应交税费主要包括哪些项目？核算的内容是什么？
5. 工资总额包括哪些内容？应如何进行工资费用分配和工资发放的核算？
6. 应付福利费的计提和使用应如何进行核算？
7. 商业汇票可分为哪几种？它们有什么区别？在会计上应如何进行核算？
8. 什么是长期负债？它包括哪几部分？与短期负债相比有何区别？
9. 什么是长期借款？长期借款的利息支出和有关费用如何处理？
10. 什么是应付债券？债券的发行价格有哪几种？
11. 简述应付债券核算的主要内容。

二、练习题

1.某饭店 2001 年 7 月份发生有关流动负债业务如下:

(1)采购食品原材料,共应支付货款 6 700 元,材料已验收入库,货款尚未支付。

(2)开出并承兑商业汇票一张,面值 28 000 元,用以购入电子设备,设备不需安装,已投入使用。

(3)从银行取得为期 3 个月的短期借款 120 000 元,已转入企业账户。

(4)预提本月短期借款利息 1 800 元。

(5)开出并经银行承兑商业汇票一张,期限 6 个月,年利率 12%,面值 56 000元,用以抵付前欠货款。

(6)分配本月工资费用,其中餐饮部职工工资 58 700 元,客房部职工工资 47 500元,商品部职工工资 28 400 元,管理部门职工工资 46 000 元。

(7)按工资总额的 14% 提取职工福利费。

(8)发放本月职工工资 171 000 元,同时代扣应由职工本人负担的水电费 9 600元。

(9)报销职工医疗费 1 920 元,以现金支付。

要求:根据上述业务编制会计分录。

2.某饭店发行 3 年期债券 1 200 000 元,票面利率为年息 12%,计划每半年付息一次。

要求:

(1)若按面值发行,作出债券发行、利息处理和到期偿还本金和利息的会计处理。

(2)若发行价格为 1 500 000 元,作出债券发行、利息处理和到期偿还本金和利息的会计处理。

(3)若发行价格为 900 000 元,作出债券发行、利息处理和到期偿还本金和利息的会计处理。(以上题中,溢价和折价的摊销采用直线法)。

第8章
所有者权益的核算

【本章导读】

本章介绍了所有者权益的范围以及内容,通过本章的学习使学生掌握所有者权益内容,投入资本的核算内容以及核算方法,资本公积金的内容以及核算方法,盈余公积金的内容以及核算方法,未分配利润的核算等。

【关键词】

实收资本　资本公积　留成收益　未分配利润

8.1　所有者权益概述

8.1.1　所有者权益的概念及内容

1)所有者权益概念

根据我国《企业会计准则——基本准则》,所有者权益的定义是:"企业资产扣除负债后由所有者享有的剩余权益。"

所有者权益的来源包括所有者投入的资本、直接计入所有者权益的利得和损失、留存收益等。直接计入所有者权益的利得和损失,是指不应计入当期损益、会导致所有者权益发生增减变动的、与所有者投入资本或者向所有者分配利润无关的利得或者损失。

利得是指由企业非日常活动所形成的、会导致所有者企业增加的、与所有者投入资本无关的经济利益的流入。

损失是指由企业非日常活动发生的、会导致所有者企业减少的、与所有者分配利润无关的经济利益的流出。

所有者权益金额取决于资产和负债的计量。

所有者权益在会计核算上往往按其投入或形式的不同,可分为实收资本、资本公积、留成收益 3 部分。

2)所有者权益的构成

(1)实收资本

实收资本是指投资者实际投入企业经营活动的资本数额。按照投资主体不同,分为国家资本金、法人资本金、个人资本金、外商资本金。

①国家资本金。这是指有权代表国家投资的政府部门或机构以国有资产投入企业形成的资本金。

②法人资本金。这是指其他法人单位以其合法可以支配的资产投入企业形成的资本金。

③个人资本金。这是指社会个人或者本企业内部职工以个人合法财产投入企业形成的资本金。

④外商资本金。这是指外国投资者以及我国香港、澳门和台湾地区投资者投入企业形成的资本金。

投入资本按其投资形式不同可分为货币资本投资、实物资本投资和无形资产投资。货币资本投资是指投资者以货币的方式投资。实物投资是指投资者以固定资产、流动资产等实物资产对企业的投资。无形资产投资指以专利权、商标权、非专利技术、商誉等无形资产投资。

(2)资本公积金

资本公积金是指企业投入资本过程中产生的资本增值,包括资本溢价、法定财产重置价值、接受捐赠财产、资本汇率折算差额等。

(3)留存收益

留存收益是指企业在经营过程中已实现,但由于企业经营发展的需要,或由于法定的原因等而没有分配给所有者所积累的盈利。它由盈余公积金和未分配利润两部分构成。

①盈余公积金。盈余公积金是指企业按照规定从净利润中提取的积累资金,包括法定盈余公积金和任意盈余公积金。

②未分配利润。未分配利润是指企业留在以后年度分配的利润或待分配利润,其来源是净利润扣除利润分配数额之后的余额。

8.1.2 所有者权益与负债的区别

负债即债权人权益,虽然所有者权益与债权人权益均对企业的资产有要求权,然而两者却有本质的差别,如表8.1所示。

表8.1 所有者权益与债权人权益的区别

项目 内容	债权人权益	所有者权益
投资的期限不同	债权人对企业的投资是有期限的,企业必须到期还本付息	所有者即投资者对企业的投资是无期限的,可供企业长期支配使用
享受权利不同	债权人只享有收回债务本金和利息	投资者可参与企业经营管理、享有收益分配权
偿还的顺序不同	企业破产清算时优先偿还	企业破产清算时,先偿还负债,有剩余财产再按比例分配给投资者
承担的风险不同	债权人获取的利息是按约定的利率计算的,风险较小	所有者获得的收益与企业的盈利能力密切相关,风险较大

8.2 实收资本的核算

8.2.1 实收资本核算的内容

实收资本是指投资者作为资本投入到企业中的各种资产的价值,所有者向企业投入的资本,在一般情况下无需偿还,可以长期周转使用。我国实行的是注册资本制度,要求企业的实收资本与注册资本相一致。注册资金也称为注册资本,是指在公司登记机关登记的全部股东实缴的出资额。企业实收资本比原注册资本数额增减超过20%时,应持资金使用证明或者验资证明,向原登记主管机关申请变更登记。如擅自改变注册资金或抽逃资金等,要受到工商行政管理部门的处罚。在股份有限公司,实收资本一般称之为股本。

8.2.2 实收资本的核算

1）账户的设置

为了反映企业实际收到的投资者投入的资本,应设置"实收资本"账户。该账户贷方登记实际收到的投资者投入企业的资本金,以及按规定从资本公积金和盈余公积金中转增的资本。借方登记企业按法定程序冲减的资金额,期末余额表示企业实际拥有资本总额,该账户应按投资人设立明细账,进行明细分类核算。

2）各种出资方式下投入资本的核算

(1)货币投资的核算

投资者以货币出资时,企业应按实际收到或存入开户行的数额和日期作为登记投入资本的依据,贷记"实收资本"账户,借记有关资产账户。

[例8.1] 某旅游企业接受A公司投入货币资金20万元,已存入银行。根据银行收款通知,做会计分录如下:

借:银行存款   200 000
 贷:实收资本   200 000

对于投入的外币,在以人民币作为记账本位币时,应按企业收到投资或存入银行时的当天外汇牌价或本月1月1日的外汇牌价折合人民币计算。

[例8.2] 某企业收到B公司外币投资10 000美元。企业采用当月1日汇率记账,本月1日,美元兑人民币汇率1∶8.27。根据银行收款通知,企业做会计分录如下:

借:银行存款   82 700
 贷:实收资本   82 700

(2)接受实物投资核算

投资者投入的房屋、建筑物、机器设备、材料等实物资产,企业应以合资双方协定并按验收核实的实物清算中所列金额和实际收到实物的日期,作为"实收资本"账户的依据。如果收到投资者投入的各种实物的账面原价大于评估确认价值,两者之差应计入"累计折旧"账户;如果评估确认价值大于投资单位账面原价,应按评估确认价值借记"固定资产",贷记"实收资本"账户。

[例8.3] 某企业收到甲投资者投入设备一辆,原价210 000元,累计折旧30 000元,评估确认价值180 000元,根据收到的清单,做会计分录如下:

借：固定资产　　　　　　　　　　　　　　　210 000
　　贷：累计折旧　　　　　　　　　　　　　　30 000
　　　　实收资本　　　　　　　　　　　　　180 000

[例8.4]　收到投入的复印机一台，原价18 000元，经评估确认价值20 000元。根据收到清单，做会计分录如下：

借：固定资产　　　　　　　　　　　　　　　20 000
　　贷：实收资本　　　　　　　　　　　　　20 000

3）实收资本减少的核算

注册资本一般不能减少，但在按法定程序报经批准减少注册资本时，应借记"实收资本"，贷记"银行存款"等相关账户。

8.3　资本公积的核算

8.3.1　资本公积核算的内容

资本公积是指由投资者投入但不能构成实收资本，或从其他来源取得，由所有者享有的资金。资本公积可用于转增资本，转增资本时，按各个投资者在实收资本中所占的投资比例计算的金额，分别转增各个投资者的投资金额。

在我国，资本公积的内容包括：资本溢价或股票溢价、接受捐赠实物资产、外币资本折算差额等。

资本公积与实收资本虽然都属于所有者权益，但两者又有区别。实收资本是投资者对企业的投入，并通过资本的投入谋求一定的经济利益；而资本公积有特定来源，由所有投资者共同享有，某些来源形成的资本公积，并不需要由原投资者投入，也不一定需要谋求投资回报。资本公积与盈余公积不同，盈余公积是从净利润中提取的，而资本公积的形成有其特定的来源，与企业的净利润无关。

8.3.2　资本公积的核算

1）账户的设置

设置"资本公积"账户，该账户贷方登记资本公积的增加数；借方登记其减

少数,即按法定程序转增资本金的数额;期末余额表示企业拥有的资本公积的余额。

2)资本公积金的核算

(1)资本溢价的核算

[例8.5] 某旅游企业注册资本20万元,由甲、乙两方各出资10万元。经过一段经营后,形成100 000元的账面积累,现有丙方投资额占30%的投资比例,甲、乙双方要求丙方出资130 000元。按注册资本和投资比例丙方应缴的法定出资额 =200 000/70%×30% =85 714.28元,丙方考虑到该行业前景看好,实际出资额135 000元。

借:银行存款　　　　　　　　　　　　　　　135 000
　　贷:实收资本　　　　　　　　　　　　　　　　85 714.28
　　　　资本公积　　　　　　　　　　　　　　　　49 285.72

(2)接受捐赠的核算

[例8.6] 某酒店接受华侨捐赠现金300 000元,款已存入银行,企业应作如下会计处理:

借:银行存款　　　　　　　　　　　　　　　300 000
　　贷:资本公积　　　　　　　　　　　　　　　　300 000

[例8.7] 某旅游管理公司接受捐赠设备一台,经评估确认价值40 000元。

借:固定资产　　　　　　　　　　　　　　　40 000
　　贷:资本公积　　　　　　　　　　　　　　　　40 000

(3)资本汇率折算差额的核算

[例8.8] 某旅游管理公司接受投资者投入外币10 000美元,当日汇率1∶8.2,该企业按当月1日汇率记1∶8.0。

借:银行存款——美元户　　　　　　　　　　82 000
　　贷:实收资本　　　　　　　　　　　　　　　　80 000
　　　　资本公积　　　　　　　　　　　　　　　　2 000

(4)资本公积转增资本的核算

[例8.9] 某旅游管理公司用资本公积50 000元转增资本。

借:资本公积　　　　　　　　　　　　　　　50 000
　　贷:实收资本　　　　　　　　　　　　　　　　50 000

8.4　留存收益的核算

8.4.1　留存收益的内容

1)留存收益概述

留存收益是指旅游企业从历年实现的利润中提取或留存于企业的内部积累,它来源于企业的生产经营活动所实现的净利润,包括企业的盈余公积和未分配利润两个部分。

2)盈余公积金的概念

盈余公积金是指旅游企业按照规定从税后利润中提取的积累资金。盈余公积按其用途,分为法定盈余公积和任意盈余公积。法定盈余公积在其累计提取额未达到注册资本 50% 时,均按税后利润 10% 提取。任意公积金主要是股份制企业提取的基金,一般根据股东大会决议提取。其他企业也可根据需要提取。任意公积金的提取比例由企业视情况而定。

旅游企业提取的法定盈余公积和任意盈余公积的用途,主要用于以下几个方面:

(1)弥补亏损

企业发生的年度亏损,应由企业自行弥补。

弥补渠道有三种:

①以后年度税前利润。

②以后年度税后利润。

③盈余公积金。

(2)扩大企业经营规模或者转增资本金

转增资本后,所留有的该盈余公积金不得少于注册资本的 25% 。

(3)发放现金股利或利润

3)未分配利润的概念

未分配利润是企业实现的净利润经过弥补亏损、提取盈余公积和向投资者分配利润后留存在企业的、历年结存的利润。未分配利润通常用于留待以后年度向投资者进行分配。由于未分配利润相对于盈余公积而言,属于未确定用途

的留存收益,所以,企业在使用未分配利润上有较大的自主权,受国家法律法规的限制比较少。

未分配利润是指企业实现的净利润经过弥补亏损、提取盈余公积和向投资者分配利润后留存在企业的、历年结存的利润,是企业所有者权益的组成部分。

8.4.2 留存收益的核算

1)盈余公积的核算

设置"盈余公积"账户,该账户属于所有者权益类账户,贷方登记盈余公积的提取数,借方登记盈余公积的使用数,贷方余额表示盈余公积的结存数。

(1)盈余公积金的提取的核算

[例8.10] 某旅游企业按规定从税后利润中提取盈余公积3 000元。

借:利润分配——提取盈余公积   3 000

 贷:盈余公积   3 000

(2)盈余公积的使用

①盈余公积用于补亏。

当企业年度结算发生亏损时,可用以前年度结存的盈余公积金弥补亏损。弥补时借记"盈余公积"账户,贷记"利润分配——盈余公积补亏"账户。

[例8.11] 某旅游企业当年发生亏损10 000元,根据规定用结存的盈余公积弥补亏损。

借:盈余公积   10 000

 贷:利润分配——盈余公积补亏   10 000

②盈余公积转增资本。

[例8.12] 某旅游企业年终用盈余公积金50 000元转增资本。

借:盈余公积   50 000

 贷:实收资本   50 000

③盈余公积发放股利。

[例8.13] 某旅游企业为股份有限公司,本年年终亏损,董事会决定用盈余公积分派股利,共需支付30 000元。

借:盈余公积——公积金   30 000

 贷:应付股利   30 000

2)未分配利润的账务处理

企业未分配利润应通过"利润分配"科目进行核算。年度末,企业应将全年实现的净利润,自"本年利润"科目转入"利润分配——未分配利润"科目,并将"利润分配"科目下的其他有关明细科目的余额,转入"未分配利润"明细科目。结转后,"未分配利润"明细科目的贷方余额,就是累积未分配的利润数额。如出现借方余额,则表示累积未弥补的亏损数额。对于未弥补亏损,可以用以后年度实现的税前利润进行弥补,但弥补期限不得超过5年。

[例8.14] 某旅游公司2006"本年利润"年末贷方余额为500 000元,本年提取法定盈余公积50 000元,应付股利10 000元,"利润分配——未分配利润"科目的期初贷方余额为100 000元。

①结转全年利润时,应做会计分录如下:

借:本年利润 500 000
　贷:利润分配——未分配利润 500 000

②结转利润分配其他的明细科目时,应做如下会计科目:

借:利润分配——未分配利润 60 000
　贷:利润分配——提取盈余公积 50 000
　　　　　　——应付股利 10 000

本章小结

本章介绍了所有者权益的相关内容及其会计核算方法,对所有者权益的管理及核算有了一定的了解。重点理解所有者权益的基本概念及三大构成内容,并掌握所有者权益会计处理的基本方法。

本章自测题

一、思考题

1. 所有者权益与负债相比,其主要特征有哪些?

2. 所有者权益包括哪些内容?

3. 什么是留存收益? 它包括哪些内容?

二、练习题

(一)选择题

1. 下列各项,能够引起所有者权益总额变化的是( )。

　A. 以资本公积转增资本

　B. 增发新股

C.向股东支付已宣告分派的现金股利

D.以盈余公积弥补亏损

2.甲公司收到某外商投资者作为资本投入的外币 60 万美元,当日市场汇率为 1:8.3 。甲公司以人民币为记账本位币。双方签订的投资合同中约定汇率为 1:8.0 。甲公司收到外币时,应计入资本公积的金额是(   )万元。

A.0   B.18   C.480   D.498

(二)判断题

1.企业以盈余公积向投资者分配现金股利,不会引起留存收益总额的变动。

（   ）

2.某企业年初未分配利润 100 万元,本年实现净利润 500 万元,提取法定盈余公积 75 万元,提取任意盈余公积 25 万元,该企业年末可供投资者分配利润为 500 万元。

（   ）

收入、费用与利润的核算

【本章导读】

通过本章的学习,熟悉收入、费用的概念、分类及确认;熟悉税金的核算;了解利润的分配顺序;掌握利润的构成;掌握收入、费用、利润的账务处理。

【关键词】

收入　费用　利润

9.1　收入的核算

9.1.1　收入的概念与特征

1)收入的概念

收入是指企业在日常活动中形成的、会导致所有者权益增加的、与所有者投入资本无关的经济利益的总流入。

收入有广义和狭义两种理解。广义的收入是指企业所有经营和非经营活动的所得,包括营业收入、投资收入和营业外收入;狭义收入仅指企业的营业收入,其他不属于营业收入的所得不包括在收入范围,而是作为直接增加利润的独立项目在损益表中单独反映。可以看出,广义收入和狭义收入概念的主要区别在于是否将非经营性所得视为收入。在我国会计准则中,收入采用狭义概念。下面对收入的讨论,限于狭义的范围,即营业收入的范畴。

2)营业收入的特征

收入具有以下基本特征:

(1)收入从企业的日常经营活动中产生,而不是从偶发的交易或事项中产生例如,企业的收入是从其销售商品、提供劳务等日常活动中产生的,而不是

从处置固定资产等非日常活动中产生的。非日常活动产生的收益通常称为利得,而不是收入。

(2)收入可能表现为企业资产的增加

如增加银行存款、应收账款等;也可能表现为企业负债的减少,如以商品或劳务抵偿债务;或两者兼而有之。

(3)收入能导致企业所有者权益的增加

收入能增加资产或减少负债或两者兼而有之,因此根据"资产－负债＝所有者权益"的会计平衡公式,企业取得收入一定能增加所有者权益。

(4)收入只包括本企业经济利益的流入

收入不包括为第三方或客户代收的款项,如旅行社代客户购买门票、预订酒店而收取的款项等。代收的款项,一方面增加企业的资产,另一方面增加企业的负债,不能作为本企业的收入。

9.1.2　营业收入的分类

按企业经营业务的主次分类,企业的收入可以分为主营业务收入和其他业务收入。

主营业务收入是指企业在主要的经营业务中取得的收入。它在企业总收入中所占比重较大,其变化会对企业的经济效益产生明显的影响。旅游企业中,饭店业的主营业务收入主要指客房收入、餐饮收入及商品部销售收入等;旅行社的主营业务收入主要指各项服务收费,包括组团外联收入、综合服务收入、零星服务收入、劳务收入,以及地游及加项收入等。

其他业务收入是指非主营业务所取得的收入。这种收入通常在企业总收入中所占比重较小,其变化一般不会对企业的经济效益产生明显的影响。旅游企业的其他业务收入主要包括固定资产出租、包装物出租、废旧物资出售、无形资产出租等取得的收入。

9.1.3　营业收入的确认

营业收入的确认问题,实际上是营业收入入账时间如何确定的问题。具体来说,符合以下4项条件时,才能确认收入:

①企业已将商品所有权上的主要风险和报酬转移给购货方;

②企业既没有保留通常与所有权相联系的继续管理权,也没有对已售出的

商品实施控制；

③与交易相关的经济利益能够流入企业；

④相关的收入和成本能够可靠地计量。

以上4项标准，缺一不可，不满足其中任意一项者，收入必须推迟确认。

旅行社营业收入依据上述原则确认。旅行社无论是组团社还是接团社，组织境外旅游者到国内旅游，应以旅游团队离境或离开本地时确认营业收入的实现；旅行社组织国内旅游者到境外旅游，以旅游团队结束旅行返回时确认营业收入的实现；旅行社组织国内旅游者到国内旅游，也以旅游团旅行结束返回时确认营业收入的实现。

饭店客房收入的确认，依据上述标准，应以客房实际出租时间作为收入确认时间。客房营业收入就是客房销售收入。因客房是一种特殊商品，销售的是客房产品使用权，并不是所有权，因此，客人在办定入住手续后，无论房租是否收到，都应作销售处理，确认收入的实现。

餐饮收入的确认，依据上述标准，以提供餐饮制品和服务后，即可确认收入。餐饮制品也有其特殊性，其生产、销售、消费三环节几乎同时发生，经营周期短，因此，不管当天是否收到现款，当日生产销售的餐饮制品也就形成当日的收入。

商品部销售收入的确认，依据上述标准，以商品售出为标志，确认收入的实现。

9.1.4　营业收入的核算

1)主营业务收入的核算

主营业务收入是指企业在主要的或主体业务活动中所取得的营业收入，由此，旅游企业实现的收入主要是通过"主营业务收入"账户进行核算的，其实现的收入应按实际价款记账。本月实现的营业收入，借记"银行存款"、"应收账款"等账户，贷记"主营业务收入"账户；期末，应将"主营业务收入"账户的余额转入"本年利润"账户，结转后该账户无余额。而为了更清楚地反映收入情况，"主营业务收入"账户应按收入类别设置明细账。

[例9.1]　某饭店2006年某月某日报表中的客房收入为10 000元，以支票结算6 000元，应收账款4 000元。做会计分录如下：

借:银行存款　　　　　　　　　　　　　　　　6 000

　　应收账款　　　　　　　　　　　　　　　　4 000

　　贷:主营业务收入——客房收入　　　　　　　　　　　10 000

2)其他业务收入的核算

旅游企业应设置"其他业务收入"账户,核算除主营业务收入以外的其他业务的收入。本账户的使用与"主营业务收入"账户相似,只是核算的内容不同。

[**例9.2**] 某旅行社出租闲置机器一台,当期收取租金500元,款项已存入银行。做会计分录如下:

借:银行存款 500
　贷:其他业务收入 500

9.2　费用的核算

9.2.1　费用概念与特征

1)费用的概念

费用是指企业在日常活动中发生的、会导致所有者权益减少的、与向所有者分配利润无关的经济利益的总流出。

同收入概念一样,费用也有狭义和广义两种理解。狭义的费用只包括企业获取营业收入中提供商品或劳务而发生的耗费,企业在非常性活动中发生的资产减少或耗费不视为费用,而是作为损失看待,从企业收益中直接扣除。广义的费用则包括企业各种费用和非常损失,将损失也视为一种费用,不区分费用和损失。在我国会计准则中,费用采用狭义概念。

2)费用的特征

(1)费用是在企业的日常经营活动中产生的,而不是在偶发的交易或事项中产生的

例如,支付的各种罚款、违约金、滞纳金以及被没收的财产损失等,它们是在企业的非常性活动中产生的资产减少或耗费,因此,不能视为费用,而应作为损失看待。

(2)费用最终会导致企业资源的减少

这种减少具体表现为企业实际的现金支出或非现金支出(如支付工资、支付营业费用、消耗材料和机器设备等),也可以是预期的支出(如承担一项在未来期间履行的债务),即负债的增加。因此,从这种意义上讲,费用本质上是一

种资源流出,它与资源流入企业所形成的收入相对应,是为了获得收入而发生的资源流出。

(3)费用会最终减少企业的所有者权益

一般而言,企业的所有者权益会随着收入的增加而增加,会随着费用的发生而减少。但是,企业在生产经营过程中,有两类支出不能归入费用:一是企业的偿债性支出,如以银行存款归还前期所欠债务,这对所有者权益没有影响;二是企业向所有者分配利润,虽然减少了企业的所有者权益,但属于企业最终利润的分配行为,不属于经营活动,也不能作为费用。

9.2.2 费用的确认与计量

1)费用的确认

费用的确认应该遵循权责发生制原则和配比原则。一般可以采用以下3种方法进行确认:

(1)按照与收入的因果关系确认

如果一项费用的发生与收入存在因果关系,则可与收入同期确认。例如,主营业务成本与主营业务收入、其他业务支出与其他业务收入均应同期确认。

(2)按照合理的分摊方式确认

有些费用的发生可望给企业带来若干期的经济利益,就应当按照合理的分摊方式,分期确认为费用。例如固定资产折旧费用、无形资产的摊销均属于此种情况。

(3)直接确认

管理费用等期间费用,是为企业某个会计期间的整个经营活动服务的,因此,应在发生时直接计入当期损益。

2)费用的计量

费用是通过所耗费资产的价值来计量的。一般情况下,费用是按照资产的历史成本(实际成本)属性来计量的。这是因为资产的历史成本代表企业实际交易价格,是企业实际现金流出,比较客观,易于验证。因此,会计实务中多采用历史成本作为费用的计量属性。

但是,在持续通货膨胀以及一些特殊情况下,为了真实反映企业的盈亏状况,费用也可用现行成本(重置成本)、变现价值予以计量。

9.2.3 费用的分类

与当期收入配比的费用包括以下几类。

1)主营业务成本

主营业务成本是指企业在经营过程中发生的各种直接支出。旅游企业的经营特点不同,其营业成本的构成也不同。饭店的营业成本包括餐饮原材料成本、商品进价成本等;旅行社的营业成本包括代收代付的费用等。餐饮原材料成本是指组成饮食制品的主料、配料、调料三类。商品进价成本可分为国内购进商品进价成本和国外购进商品进价成本。前者是指其进货原价;后者一般分为两部分:一是国外购进商品进价,即到岸价(成本加运输、保险费)作为计价原价,二是进口商品在进口环节缴纳的税金。旅行社代收代付费用是指将直接用于游客的有关费用,具体包括房费、餐费、交通费、文杂费、劳务费、票务费、宣传费以及其他直接支出。

旅游企业的人工费用,从理论上讲应计入主营业务成本,但由于旅游企业主要是以提供劳务为主,服务往往具有综合性,哪种劳务花费了多少劳务费用,应负担多少工资,没有一个较合理的分摊标准和分配依据,不便于操作。因此,对人工费用采用了直接计入管理费用的办法,而不将其直接计入主营业务成本。

2)期间费用

期间费用是指不能直接归属于某个特定对象成本的费用,包括营业费用、管理费用、财务费用。期间费用从主营业务成本中得到补偿,直接计入当期损益。营业费用和管理费用,主要依据费用发生的环节来划分,属于营业部门发生的,计入营业费用;属于管理部门发生的,计入管理费用;公共性的,不易划分的,一般列为管理费用。

(1)营业费用

营业费用是指企业各营业部门在经营中发生的各项费用,包括运输费、装卸费、包装费、保险费、展览费、广告宣传费、邮电费、水电费、差旅费以及为销售本企业产品而专设的销售机构的经费。

(2)管理费用

管理费用是指企业管理部门为组织和管理企业经营活动而发生的各种费用,包括企业行政管理部门在企业经营管理中发生的,或者应由企业统一负担的公司经费(指行政管理部门人员工资、福利费、工作餐费、服装费、办公费、差旅

费、会议费、物料消耗、低值易耗品摊销、燃料费、水电费、折旧费、修理费及其他
行政经费等)、工会经费、职工教育经费、劳动保险费、待业保险费、外事费、租赁
费、咨询费、审计费、诉讼费、排污费、绿化费、土地使用费、土地损失补偿费、技术
转让费、研究开发费、聘请注册会计师和律师费、应从成本中列支的房产税、车船
使用税、土地使用税、印花税、燃料费、水电费、折旧费、修理费、无形资产摊销、低
值易耗品摊销、开办费摊销、交际应酬费、坏账损失、存货盘亏和毁损、上级管理
费以及其他管理费用。

(3)财务费用

财务费用是指企业为筹集生产经营所需资金而发生的费用,包括利息净收
支、汇兑净损益、金融机构手续费等。

3)其他业务成本

其他业务成本是指主营业务以外的其他业务发生的支出,包括其他业务的
销售成本、相关费用等。

4)营业税金及附加

营业税金及附加是指企业日常活动应负担的税金及附加,包括营业税、消费
税、城市维护建设税、资源税和教育费附加等。

5)所得税费用

所得税费用是指企业取得效益后,按照有关所得税法规的规定缴纳的税金。

9.2.4　费用的核算

旅游企业应设置"主营业务成本"、"营业税金及附加"、"营业费用"、"管理
费用"、"财务费用"、"其他业务成本"、"所得税费用"等账户,用以核算各种费
用。当费用发生或者结转营业成本时,借记"主营业务成本"、"营业税金及附
加"、"营业费用"、"管理费用"、"财务费用"、"其他业务成本"、"所得税费用"等
账户,贷记"原材料"、"银行存款"、"应付职工薪酬"、"累计折旧"、"应交税费"
等账户。期末,应将这些账户的余额转入"本年利润"账户,结转后这些账户应
无余额。

下面举例说明费用的核算。

[**例9.3**]　某饭店餐饮部从库房领用大米100千克,每千克1.5元,金额为
150元。会计处理如下:

　　借:主营业务成本　　　　　　　　　　　　　　　　150

　　贷:原材料——大米　　　　　　　　　　　　　　　　150

　　[例9.4]　某旅行社本月应交城市维护建设税7 000元,应交教育费附加3 000元,会计处理如下:

　　借:营业税金及附加　　　　　　　　　　　　　　10 000
　　　　贷:应交税费——应交城市维护建设税　　　　　　7 000
　　　　　　应交税费——应交教育费附加　　　　　　　　3 000

　　[例9.5]　某饭店本月发生广告费40 000元,已用转账支票支付,会计处理如下:

　　借:营业费用　　　　　　　　　　　　　　　　　40 000
　　　　贷:银行存款　　　　　　　　　　　　　　　　40 000

　　[例9.6]　某旅游企业本月计提管理部门使用的固定资产折旧8 000元,会计处理如下:

　　借:管理费用　　　　　　　　　　　　　　　　　8 000
　　　　贷:累计折旧　　　　　　　　　　　　　　　　8 000

　　[例9.7]　某旅游企业预提本月短期借款利息5 000元,会计处理如下:
　　借:财务费用　　　　　　　　　　　　　　　　　5 000
　　　　贷:应付利息　　　　　　　　　　　　　　　　5 000

　　[例9.8]　餐饮部库房处理原材料200元,结转成本时,会计处理如下:
　　借:其他业务成本　　　　　　　　　　　　　　　200
　　　　贷:原材料　　　　　　　　　　　　　　　　　200

9.2.5　税金的核算

　　税金一般是企业的一种负担,构成企业的费用性支出,企业在经营过程的不同环节需缴纳多种税。按照现行税法规定,旅游企业作为纳税义务人,需缴纳营业税、增值税、城市维护建设税、房产税、车船使用税、土地使用税、印花税、所得税等多种税金。

　　这些税金,有些集中反映于"营业税金及附加"一个账户,如营业税、城建税等;有些直接计入"管理费用"账户,如车船税、土地使用税、房产税、印花税等;另外,单设一个账户"所得税费用",反映企业的所得税费用支出。

1)营业税的核算

　　营业税是指对在我国境内提供劳务、转让无形资产或销售不动产的单位和个人,按其营业收入征收的一种税。它是一种行为税,只要有营业行为并且有收入就应纳税,而不管盈利多少。

旅游企业的营业税是根据营业额和规定的税率计算的。其计算公式为:

$$应纳税额 = 营业额 \times 税率$$

值得注意的是,对于不同的经营业务,营业额的计税依据是各不相同的。饭店、旅店、酒楼、餐饮、美容、沐浴、照相、洗染、娱乐等饮食服务业应按营业收入的一定比例计算缴纳营业税;旅行社应按营业收入净额(营业收入扣除代收代付的房费、餐费、交通费等费用)计算交纳营业税。

此外,各企业适用的营业税率也不相同。旅游业、饮食业、旅店业和其他服务企业的营业税适用税率为5%;夜总会、歌厅、舞厅、高尔夫球及游艺活动等"娱乐业"的营业税适用税率为5% ~ 20%不等。

旅游企业按规定应交的营业税,在"应交税费"账户下设置"应交营业税"明细账户进行核算。该账户属负债类账户,借方反映企业已缴纳的营业税,贷方反映企业应交的营业税;期末借方余额,反映多交的营业额;期末贷方余额,反映尚未缴纳的营业额。

另外,旅游企业为了核算由营业收入负担的各种税金及附加,应设置"营业税金及附加"账户。该账户是损益类账户,借方反映企业按规定计提的营业税、城市维护建设税及教育费附加等,贷方反映结转到"本年利润"账户的各种税金及附加的数额。

[例9.9] 某饭店11月的客房收入为50 000元,营业税率为5%,计算出本月的营业税税额为2 500(50 000 × 5%)元。编制会计分录如下:

借:营业税金及附加　　　　　　　　　　　　　　　　2 500
　　贷:应交税费——应交营业税　　　　　　　　　　　2 500

2)增值税的核算

增值税是以我国境内的应税货物及应税劳务在生产经营过程中的增值额为计税依据课征的一种税。其增值额为生产经营过程中新创造的那部分价值,也可以说是纳税人在一定时期内销售商品或提供劳务所取得的收入大于其商品购入或取得劳务时所支付的金额的差额。旅游服务企业从事的商品经营销售业务应向国家缴纳增值税。

增值税的纳税人分为一般纳税人和小规模纳税人两种。小规模纳税人是指年销售额在规定标准以下,并且会计核算制度不健全的增值税纳税人,除此之外的增值税纳税人为一般纳税人。小规模纳税人和一般纳税人的增值税的计算,以及会计核算等有很大的区别,现分别予以介绍。

(1)一般纳税人增值税的会计处理

一般纳税人应在"应交税费——应交增值税"账户下设置多栏式明细账户,借方主要为"进项税额"、"已交税金";贷方主要为"销项税额"等。其中,"进项税额"记录企业购入货物或接受劳务而支付的、准予从销项税额中抵扣的进项税额。"已交税金"记录企业已经缴纳的增值税额。"销项税额"记录企业销售货物或提供劳务应收取的增值税额。按这种多栏式明细账,期末借方余额反映企业多交或尚未抵扣的增值税;期末贷方余额反映企业尚未缴纳的增值税。根据我国税法规定,增值税一般纳税人的适用税率分为基本税率17%、低税率13%、零税率三档。

[例9.10] 某商业企业为增值税一般纳税人。购入商品时专用发票上的销售额为10 000元,增值税额为1 700元。后销售这些商品,专用发票上注明的销售额为30 000元,增值税为5 100元。会计处理如下:

购入时:

借:库存商品   10 000
　应交税费——应交增值税(进项税额)   1 700
　　贷:银行存款   11 700

销售商品时:

借:银行存款   35 100
　　贷:主营业务收入   30 000
　　　应交税费——应交增值税(销项税额)   5 100

计算并缴纳税金:本期应交增值税=5 100元－1 700元=3 400元。会计处理如下:

借:应交税费——应交增值税(已交税金)   3 400
　　贷:银行存款   3 400

(2)小规模纳税人增值税的会计处理

小规模纳税人中属于商业企业的按照销售额的4%计征增值税,属于商业企业以外其他企业的按照销售额的6%征收率计征增值税。需要注意的是,该销售额不包括按4%或6%征收的增值税税额。就旅游服务企业而言,它们一般以零售业务为主,在销售商品时一般填制普通发票或不填发票,商品的售价中已包含了增值税额,取得的销售收入也是含税收入。因此,在月末需要将含税收入调整为不含税的销售额,以此作为计税依据计算销项税额。计算公式如下:

不含税销售额＝含税销售收入/(1＋增值税税率)

应纳增值税＝不含税销售额×增值税税率

此外,小规模纳税人购进商品时,无论是否取得增值税专业发票,其支付的增值税均计入成本,不得抵扣销项税额。一般纳税人从小规模纳税人处购入货物或接受的应税劳务,由于不能取得增值税专业发票,其支付的增值税额不能作为进项税额来抵扣销项税额。

在进行账务处理时,小规模纳税人在"应交税费"账户下设置"应交增值税"明细账户,不需设置专栏,即可进行增值税核算。该账户借方登记实际缴纳的增值税,贷方登记应缴纳的增值税,余额在贷方,为应交未缴的增值税。

[例9.11] 某饭店商品部(小规模纳税人)本月销售商品一批,含税价格30 000元,增值税率为4%。不含税价格 = 30 000/(1 + 4%)元 = 28 846.15元,应交增值税额 = 28 846.15 × 4%元 = 1 153.85元。会计处理如下:

借:银行存款　　　　　　　　　　　　　　　　30 000
　贷:主营业务收入　　　　　　　　　　　　　　28 846.15
　　　应交税费——应交增值税　　　　　　　　　1 153.85

3)城市维护建设税的核算

城市维护建设税,是国家为了扩大和稳定城市乡镇公共设施和基础设施建设对享用市政设施的企业,以其实际缴纳的营业税和增值税为计税依据所征收的一种附加税。它的税率因旅游企业所在地的不同而不同:纳税人所在地为市区的,税率为7%;纳税人所在地为县城、镇的,税率为5%;纳税人所在地不在市区、县城或镇的,税率为1%。

城市维护建设税的计算公式如下:

城市维护建设税 = (实缴营业税 + 实缴增值税) × 适用税率

在计提时,借记"营业税金及附加"等账户,贷记"应交税费——应交城市维护建设税"账户;实际上缴时,借记"应交税费——应交城市维护建设税"账户,贷记"银行存款"账户。

附:教育费附加的核算

教育费附加不是上交税务部门的税金,而是国家为了发展我国的教育事业,提高人民文化素质而由财政部门征收的一种费用。它是以实缴营业税和增值税的税额为计税依据。教育费附加的计征比率为3%。其计算公式为:

教育费附加 = (实缴营业税 + 实缴增值税) × 适用税率

在会计上,应设置"应交税费"账户,并下设"应交教育费附加"进行明细核算。旅游企业按规定计提教育费附加时,借记"营业税金及附加",贷记"应交税费";交纳时,借记"应交税费",贷记"银行存款"。

4) 房产税、车船使用税、城镇土地使用税的核算

房产税是以房产为征税对象,依据房产价格或房产租金收入向房产所有人或经营人征收的一种税。它的计征范围为城市、县城、建制镇和工矿区。房产税的税率有两种:以房产余值即房产原值一次扣除 10% ~30% 的余额为计税依据的,年利率为 1.2% ;以房产出租的租金收入为计税依据的,年利率为 12% 。

车船使用税是指国家对于行驶于境内公共道路的车辆和航行于境内河流、湖泊或领海的船舶,依法征收的一种税。车船使用税只对使用的车船征收,不使用的车船不征收。其分机动车船和非机动车船等不同情况,以净吨位、载重吨位及车辆数为计税依据。

城镇土地使用税是国家为了合理利用城镇土地,调节土地级差收入,提高土地使用效益,加强土地管理而开征的一种税。城镇土地使用税以纳税人实际占用的土地面积为计税依据。

旅游企业应缴纳的以上 3 种税金均在"管理费用"和"应交税费"账户下,分别设立明细账户进行核算。账务处理如下:

计提各种税时:

借:管理费用——应交房产税

　　　　　——应交车船使用税

　　　　　——应交城镇土地使用税

　贷:应交税费——应交房产税

　　　　　　——应交车船使用税

　　　　　　——应交土地使用税

将已计提的税金解缴入库时:

借:应交税费——应交房产税

　　　　　——应交车船使用税

　　　　　——应交土地使用税

　贷:银行存款

5) 印花税的核算

印花税是国家对企业在经济活动中书立、使用、领受的凭证征收的一种税。其征收范围包括各种经济技术合同、产权转移书据、营业账簿、权利许可证照和税法规定征税的其他凭证 5 类。由于印花税是由纳税人根据规定自行计算应纳税额,购买并一次贴足印花税票的方法缴纳的税款,不会发生应付未付税款等情况,因此,企业在购买印花税票时,直接借记"管理费用"账户,贷记"银行存款"账户。

6) 所得税的核算

所得税是指国家对企业或个人的各种所得按规定税率征收的税种,它分为企业所得税和个人所得税。

对于企业所得税,是指企业的经营所得和其他所得,依照有关所得税暂行条例及其细则的规定需要缴纳的所得税。它是国家以社会管理者身份参与企业收益分配的一种形式。企业的应纳税所得额是指企业利润总额按规定扣减有关项目后的计税所得额。其计算公式如下:

$$纳税所得额 = 收入总额 - 准予扣除项目金额$$

$$应纳所得税额 = 纳税所得额 \times 税率$$

收入总额包括生产经营收入、财产转让收入、利息收入、租赁收入、特许权使用费收入、股息收入和其他收入。准予扣除项目包括成本、费用、税金和损失。不得扣除项目包括资本性支出、无形资产受让、罚款、被没收财产的损失、各项税收的滞纳金,超过国家规定允许扣除的公益、救济性的捐赠以及非公益、救济性的捐赠,各种赞助支出,与取得收入无关的其他各项支出等。企业所得税一般实行的是33%的比例税率。

旅游企业应缴纳的所得税,借记"所得税费用"账户,贷记"应交税费——应交所得税"账户。

[例9.12]　某饭店11月份实现利润200 000元,其超规定支出与罚没支出30 000元,所得税率33%。其中,超规定支出与罚没支出应交所得税,故:

应纳税所得额 = 200 000元 + 30 000元 = 230 000元

应纳所得税额 = 230 000 × 33%元 = 75 900元

编制会计分录如下:

借:所得税费用　　　　　　　　　　　　　　　　　　75 900

　贷:应交税费——应交所得税　　　　　　　　　　　75 900

9.3　利润的核算

9.3.1　利润的概念及构成

1) 利润的概念

利润是指企业在一定会计期间的生产经营活动的成果,包括收入减去费用

后的净额、直接计入当期利润的利得和损失等。对利润进行核算,可以及时反映企业在一定会计期间的经营业绩和获利能力,反映企业的投入产出效率和经济效益,有助于企业投资者和债权人据此进行盈利预测,作出正确的决策。

2)利润的构成

企业的利润,就其构成来看,既有通过生产经营活动获得的,也有通过投资活动获得的,还有那些与生产经营活动无直接关系的事项所引起的盈亏。按照我国企业会计准则的规定,企业的利润一般包括营业利润、利润总额和净利润。公式表示如下:

营业利润 = 营业收入 − 营业成本 − 营业税金及附加 − 销售费用 − 管理费用
  − 财务费用 − 资产减值损失 + 公允价值变动收益(或 − 公允价值变动损失)
  + 投资收益(或 − 投资损失)

利润总额 = 营业利润 + 营业外收入 − 营业外支出

净利润 = 利润总额 − 所得税费用

营业收入包括主营业务收入和其他业务收入;营业成本包括主营业务成本和其他业务成本;销售费用(或营业费用)、管理费用和财务费用是企业在组织营业、管理和融资活动中发生的费用;资产减值损失是指企业计提各项资产减值准备所形成的损失;公允价值变动收益(或损失)是指按规定采用公允价值对有关资产、负债进行计量的情况下,由于公允价值变动形成的应计入当期的利得或损失;投资收益(或损失)是指企业对外投资过程中所获得的投资收益(或发生的投资损失)。营业外收入是指与企业生产经营活动没有直接关系的各种收入,主要包括非流动资产处置利得、非货币性交换利得、债务重组利得、政府补助、盘盈利得、捐赠利得等;营业外支出是指与企业的生产经营活动没有直接关系的各项支出,是一种应该直接从企业实现的利润总额中扣除的支出,主要包括非流动资产处置损失、非货币性交换损失、债务重组损失、公益性捐赠支出、非常损失、盘亏损失等。

9.3.2 利润的核算

1)营业外收支的核算

对于企业发生的营业外收入,会计上应设置"营业外收入"账户进行核算。发生营业外收入时,借记"待处理财产损溢"、"现金"、"银行存款"、"固定资产清理"、"应付账款"、"资本公积"等账户,贷记"营业外收入"账户;期末,将"营业外收入"账户贷方余额转入"本年利润"账户,借记"营业外收入"账户,贷记"本年利润"账户,结转后"营业外收入"账户应无余额。

对于企业发生的营业外支出,会计上应设置"营业外支出"账户进行核算。发生营业外支出时,借记"营业外支出"账户,贷记"待处理财产损溢"、"固定资产清理"、"现金"、"银行存款"等账户;期末,应将"营业外支出"账户余额转入"本年利润"账户,借记"本年利润"账户,贷记"营业外支出"账户,结转后"营业外支出"账户应无余额。

需要注意的是,由于企业营业外收入和营业外支出所包括的项目互不相关,企业还应分别按营业外收入的各项目和营业外支出的各项目设置明细账,进行明细会计核算。

[例9.13]　某企业损坏 A 饭店包装物3件,没收其押金300元。会计分录如下:

借:其他应付款——包装物押金　　　　　　　　　300

　　贷:营业外收入　　　　　　　　　　　　　　　300

[例9.14]　某企业开出金额为10 000元的转账支票一张捐赠"希望工程"。会计分录如下:

借:营业外支出　　　　　　　　　　　　　　　10 000

　　贷:银行存款　　　　　　　　　　　　　　　10 000

2) 利润的核算

为核算企业本年度内实现的利润总额(或亏损总额),企业应设置"本年利润"账户。期末,应结转各损益类账户发生额合计,转入"本年利润"账户,即借记"主营业务收入"、"其他业务收入"、"营业外收入"账户,贷记"本年利润"账户;借记"本年利润"账户,贷记"主营业务成本"、"营业税金及附加"、"其他业务成本"、"营业费用"、"管理费用"、"财务费用"、"营业外支出"账户;将"投资收益"等账户的净收益转入本账户的贷方,即借记"投资收益"账户,贷记"本年利润"账户,如为投资净损失,则转入本账户的借方,做相反会计分录。

结转后,"本年利润"账户的本期贷方发生额大于借方发生额,则其差额为本期实现的利润总额,反之就是本期发生的亏损总额。如果本期实现的是利润总额,还需将应交的所得税费用从中扣除,则"本年利润"账户借方与贷方的差额就是净利润(税后利润)。

"本年利润"账户年度中间各期末保留余额,并结转下期做期初余额,因此,期末的贷方余额表示从年初至本期企业累计实现的净利润。年末时,应将"本年利润"账户余额转入"利润分配"账户,即借记"本年利润"账户,贷记"利润分

配——未分配利润"账户;结转后"本年利润"账户无余额。

[**例**9.15] 某旅游企业12月31日各损益类账户余额如表9.1所示。

表9.1 某旅游企业损益类账户余额

账户名称	结账前余额/元
主营业务收入	1 250 000
主营业务成本	550 000
营业税金及附加	45 000
营业费用	83 000
管理费用	51 000
财务费用	35 000
营业外收入	28 000
营业外支出	24 000
投资收益(贷方余额)	31 500
所得税费用	172 095

根据以上资料,会计处理如下:

①结转损益类收入账户时:

借:主营业务收入   1 250 000

  投资收益   31 500

  营业外收入   28 000

   贷:本年利润   1 309 500

②结转成本费用类账户时:

借:本年利润   960 095

  贷:主营业务成本   550 000

    主营业务税金及附加   45 000

    营业费用   83 000

    管理费用   51 000

    财务费用   35 000

    营业外支出   24 000

    所得税费用   172 095

③结转本年净利润时(净利润=1 309 500元-960 095元=349 405元):

借:本年利润   349 405

   贷:利润分配——未分配利润   349 405

9.3.3 利润分配的核算

1）利润分配的顺序

企业本年实现的净利润加上年初分配利润即为可供分配的利润。其分配的主要内容和程序如下：

（1）弥补以前年度亏损

根据我国现行法规的规定，企业发生的年度亏损，可以用下一年度的所得税前利润弥补，但连续弥补期不能超过 5 年；连续 5 年未弥补的亏损，用所得税后利润弥补。

（2）提取法定盈余公积

法定盈余公积用于弥补亏损、转增资本等。它应按本年实现净利润的一定比例提取。公司制企业应按 10% 的比例计提法定盈余公积；其他企业可根据实际需要确定提取比例，但至少应按 10% 的比例提取。企业提取法定盈余公积累计额超过其注册资本的 50% 以上的，可以不再提取。

（3）支付优先股股利

（4）提取任意盈余公积

经股东大会决议，企业可提取任意盈余公积。

（5）支付普通股股利

在进行了上述 5 项分配后的余额，即为企业的未分配利润，留待以后年度进行分配。需要注意的是，企业以前年度亏损未弥补完，不能提取法定盈余公积金。在提取法定盈余公积金前，不得向投资者分配利润。支付股利的顺序必须是先优先股后普通股，在支付普通股股利之前，可根据需要提取任意盈余公积。

2）利润分配的核算

为了反映企业利润分配的过程和结果，企业应设置"利润分配"账户，该账户下设置以下 7 个明细账户进行利润分配的明细核算。

（1）"盈余公积转入"明细账户

核算企业用盈余公积弥补的亏损等。企业用盈余公积弥补亏损时，借记"盈余公积"账户，贷记"利润分配——盈余公积转入"账户。

（2）"提取法定盈余公积"明细账户

核算企业按规定提取的法定盈余公积。企业按规定提取法定盈余公积时，借记"利润分配——提取法定盈余公积"账户，贷记"盈余公积——法定盈余公

积"账户。

（3）"应付优先股股利"明细账户

核算企业分配给优先股股东的股利。企业按应分配给优先股股东的现金股利,借记"利润分配——应付优先股股利"账户,贷记"应付股利"账户。

（4）"提取任意盈余公积"明细账户

核算企业提取的任意盈余公积。企业根据股东大会决议提取任意盈余公积时,借记"利润分配——提取任意盈余公积"账户,贷记"盈余公积——任意盈余公积"账户。

（5）"应付普通股股利"明细账户

核算企业分配给普通股股东的股利。企业按应分配给普通股股东的现金股利,借记"利润分配——应付普通股股利"账户,贷记"应付股利"账户。

（6）"转作股本的普通股股利"明细账户

核算企业分配给普通股股东的股票股利。企业按股东大会批准的应分配的股票股利的金额,办理增资手续后,借记"利润分配——转作股本的普通股股利"账户,贷记"实收资本"账户(如实际发放的股票股利金额与股票票面金额不一致,应当按其差额,贷记"资本公积——股本溢价"账户)。

（7）"未分配利润"明细账户

核算企业全年实现的净利润(或净亏损)、利润分配和尚未分配利润(或尚未弥补的亏损)。年度末,企业应将全年实现的净利润(净亏损),自"本年利润"账户转入本明细账户;同时,将"利润分配"账户下的其他明细账户的余额也转入本明细账户。结转后,除本明细账户外,"利润分配"账户的其他明细账户应无余额。

[例9.16] 某旅游企业2005年实现的净利润为800 000元,按10%提取法定盈余公积,确定分配给普通股股东现金股利350 000元。根据上述业务,会计处理如下:

①结转全年实现的净利润:

借:本年利润   800 000

　　贷:利润分配——未分配利润   800 000

②提取法定盈余公积金:

提取法定盈余公积=800 000×10%元=80 000元

借:利润分配——提取法定盈余公积   80 000

　　贷:盈余公积——法定盈余公积   80 000

③分配现金股利:

借：利润分配——应付普通股股利　　　　　　　　　350 000

　　贷：应付股利　　　　　　　　　　　　　　　　　　　350 000

④结转利润分配账户中的明细账户：

借：利润分配——未分配利润　　　　　　　　　　　430 000

　　贷：利润分配——提取法定盈余公积　　　　　　　　80 000

　　　　　　　　——应付普通股股利　　　　　　　　350 000

最后，本年度"利润分配——未分配利润"账户为：贷方余额 = 800 000 元 – 430 000 元 = 370 000 元。

本章小结

收入概念有广义和狭义之分，狭义概念仅指营业收入，而广义概念除营业收入外，还包括投资收入和营业外收入。我国采用的是狭义收入概念，将营业收入分为主营业务收入和其他业务收入。

费用是一种与收入相对应的会计要素。它也有广义和狭义两种理解，其区别在于是否将损失也视为费用。我国采用的是狭义费用概念，即费用只包括企业获取营业收入中提供商品或劳务而发生的耗费。

与当期收入相配比的费用包括：主营业务成本、期间费用、营业税金及附加、其他业务成本、所得税费用5类。其中，期间费用由营业费用、管理费用、财务费用3部分构成。

旅游企业应上缴的税金有营业税、增值税、城市维护建设税、车船使用税、房产税、城镇土地使用税、印花税、所得税等。

利润是指企业在一定会计期间的生产经营活动的成果，包括收入减去费用后的净额、直接计入当期利润的利得和损失等。

本章自测题

一、思考题

1. 什么是收入？怎样对收入进行分类？

2. 什么是费用？怎样对费用进行分类？

3. 旅游企业上缴的税金有哪几种？如何进行计算？

4. 什么是利润？利润由哪些内容构成？

5. 试述旅游企业利润分配的顺序。

二、练习题

(一)习题一

1.目的:练习收入、费用的核算。

2.资料:某饭店8月份发生下列有关收入、费用的经济业务:

(1)客房领用一次性物耗用品4 200元。

(2)实现客房收入20 000元。其中,应收款3 000元,现金收入10 000元,支票结算7 000元。

(3)支付餐饮部的广告宣传费3 000元,电话费400元,用转账支票方式支付。

(4)厨房从库房领用食用油50千克,每千克10元。

(5)管理部门办公用品支出2 450元。

(6)月末分配工资150 000元,其中管理人员工资50 000元,营业人员工资100 000元。

(7)计提固定资产折旧费13 000元。

3.要求:编写相关的会计分录。

(二)习题二

1.目的:练习利润形成的核算。

2.资料:

(1)某旅行社6月30日有关账户的余额如表9.2所示。

表9.2　某旅行社账户余额

收入类账户	金　额	费用类账户	金　额
主营业务收入	560 000	主营业务成本	320 000
投资收益	10 000	营业费用	52 000
营业外收入	3 000	管理费用	35 000
		财务费用	2 350
		营业外支出	1 500

(2)该旅行社6月30日又发生下列经济业务:

①预提本月短期借款利息2 850元。

②本月支付广告费900元。

③按本月营业收入的5%计提营业税。

④按已提营业税的7%计提城市维护建设税,3%计提教育费附加。

⑤将损益类账户的余额结转到"本年利润"账户。

3.要求:编制会计分录。

第**10**章
旅游饭店经营业务的核算

【本章导读】

通过本章的学习,了解顾客账务管理的有关知识;掌握客房营业收入、营业费用及损益的核算;掌握餐饮原材料、营业收入、营业成本的核算;掌握餐饮制品售价的制定方法;熟悉饭店营业税金的核算。

【关键词】

客房部　餐饮部　营业收入　营业成本　营业费用　税金

10.1　饭店经营业务概述

旅游饭店是一种为顾客提供住宿、餐饮、洗衣、健身、美容、美发、商品销售等多项服务的综合性企业。其服务对象主要是人,提供的产品主要为服务产品,因此饭店工作十分琐屑与繁杂。为搞好饭店的经营管理,必须做好饭店的顾客账务核算与管理等工作。

10.1.1　一次性结账系统

一次性结账是指饭店为了方便住店宾客,实行除商品部购物以外,对饭店内所有服务项目(如客房、餐饮、美容、美发、洗衣、电讯、娱乐设施、租车等),可凭宾客签单进行记账,在离店时一次结算的办法。根据有关规定,我国四星级以上旅游饭店应对住店宾客提供一次性总账单结账服务(商品除外)。采取的结账方式一般有 3 种:现金、信用卡支付和合同结算方式。

为了在饭店内部有效地实行一次性结账,需要注意以下 3 点:

①客人账务的记录应准确、完整。各营业点人员应及时、准确、完整地记录客人的赊欠消费凭单。

②消费信息的传递应及时、准确。各营业点应将客人的消费信息以人工、电话、计算机等方式及时、准确地传递给总台结账处。

③严格内部控制制度。实行一次性结账的饭店,在客人住店时可给予短期信用,其所赊欠款项在离店时一次结算。为确保每笔款项准确无误地收回,饭店应严格岗位制,强化部门协作,建立严格的凭证使用、传递、保管与稽核等内部控制制度。

10.1.2 顾客账务管理

在使用一次性结账系统的饭店必须为每位住店客人设置顾客账户,用于记录赊欠消费和进行统一结账。顾客账务管理主要包括登记、预收、入数、结账、交款编表、稽核等环节。

1)登记

客人入住饭店,首先需在总台办理住宿手续,填写"住宿登记表",表格内容包括顾客的姓名、身份证号码、房号、入住时间等。

2)预收保证金

一般有两种方式:一种是只预收房租的保证金,其他费用在离店时结算;另一种是预收房租和其他费用,结算时多退少补。

3)入数

所谓入数,是指将客人在饭店各部门的消费记录归集到该客人账户上的过程。为解决好这一问题,需注意以下几点:

①建立客人消费账户,为每个客人设置一个独立的账户号码。

②及时入数。为保证入数的及时、准确,一般饭店都采用计算机入数方式。

4)结账

在客人离店时,在总台结账处一次性完成顾客结账程序。

5)交款编表

为保证客账收入的准确性,每个收银员在下班前需做到:

①清点现金。

②将账单分类汇总整理。

③编制收银报告。报告内容包括客人账号、客房号码、客人应结账款、客人预付款、结算方式等。

④核对账单与收银报告。

⑤核对现金与收银报告。

⑥送交款项、账单、收银报告。将核对正确的款项、账单及收银报告,送交收银主管或放到指定的地方。

6)稽核

稽核是指对上述账单资料的查对,对上述程序的检查和控制,以保证当天收益的真实、正确、合理和合法。饭店的收入稽核一般分为夜间稽核和日间稽核。

由于饭店业务的不间断性,夜间稽核是检查账目等有无错漏的重要手段,它包括的内容主要有:核对客房出租情况;核对并平衡饭店各种账务(包括现金、挂账、欠账、免单等情况);统计客房出租率、各部门营业收入等数据;编制饭店营业收入日报表,以及各部门收入报告等。

日间稽核是对夜间稽核工作的补充与完善。次日,日审人员对头日应审资料进行复查,并处理未尽事宜,然后将营业日报表、账单等送交相关部门处理。

10.1.3　营业收入日报表的编制

为了及时掌握经营信息,很多旅游饭店建立了"营业收入日报"制度。每天营业的各项数字信息通过营业日报表的形式于次日早晨送到总经理室。财务部门也可根据营业收入日报登记每天的营业收入的日记账。营业日报的格式和内容在很大程度上取决于管理部门的要求。其常用格式如表10.1所示。

表10.1　营业收入日报表

名称:××饭店　　　　　　　　　　　　　　　　　　　　××年×月×日

项　　目	当　　日		本月累计		去年同期比较	
	实际	计划	实际	计划	同日	同月累计
一、客房收入 1.房租收入 2.房间服务费 客房收入合计						

续表

项 目	当 日		本月累计		去年同期比较	
	实际	计划	实际	计划	同日	同月累计
二、餐饮收入						
1.中餐						
2.西餐						
3.酒吧						
4.送餐						
5.宴会部						
6.餐饮服务费						
7.杂费						
餐饮收入合计						
三、其他业务收入						
1.洗衣						
2.房间小酒柜						
3.车务						
4.电话						
5.杂项						
其他业务收入合计						
收入总计						
统计资料						
客房出租率/%						
客房总数						
可供出租房间						
已出租房间						
平均房租						
住客人数						
食客人数						
食客平均消费						
结算状况统计						
现金						
信用卡						
支票						
总台客人记账						
单位记账						

它的基本部分是:

1)当天各营业部门收入及汇总

为便于分析,在营业日报表上,可将当日与当月的营业额与去年同期、计划水平进行比较。之所以选择上一年同日、同月进行比较,是因为饭店业务的季节性波动强,和上月比较价值不大。也可在营业日报表上列出计划营业额,用实绩与计划进行比较。

2)客房状况统计

统计客房出租率等重要指标,及时反映饭店经营状况。

3)饮食销售统计

统计各餐饮部各类营业收入(如中餐收入、西餐收入)和就餐人数等,根据它来指导餐饮部门改善经营服务,改进餐饮原材料的购进与使用等。

4)结算状况统计

统计当天营业收入中现金、信用卡、应收款、转账结算的汇总额和发生额,据此了解饭店资金回笼情况,进而考察和调整饭店的信用政策。

10.2 客房经营业务的核算

10.2.1 客房营业收入的核算

客房是饭店向旅客提供的最主要产品,客房业务是指旅游饭店通过向客人提供设备完善、洁净舒适的住房,而向客人收取一定费用的服务业务。客房收入是旅游饭店取得营业收入的最重要来源。国内外有关统计资料表明,客房出租收入占整个饭店营业收入的40%~50%。同时,客房出租还可以带动和增加其他收入,如餐饮、商品销售收入等。因此,加强客房营业收入的核算和控制具有十分重要的意义。

1)客房营业收入的入账时间

客房营业收入也就是客房销售收入。客房销售是指饭店通过货币结算方式,出租客房产品使用价值的交易行为。它与一般商品销售不同,并不出卖所有权。企业会计制度规定,各类饭店企业发生的营业收入,一律按照权责发生制原

则计算。权责发生制是按照债权、债务或收益、费用是否已经发生为标准,来确定本期收益、费用的一种方法。采用这种方法,凡是在本期内发生的一切债权、债务或收益、费用,不论是否在本期内实际收到或付出,都应作为本期的收益、费用处理;反之,凡是不在本期内发生的收益、债务或收益、费用,即使在本期内实际收到或付出,也不作为本期的收益、费用处理。按照该原则,营业收入的实现有两个标准,一是商品物质所有权的转移,对服务型企业来说是劳务、服务已经提供;二是收到款项或索取款项的权力。可见,客房一旦出租,不论房租是否收到,都作为销售处理。也就是说,饭店应以客房实际出租的时间作为饭店销售的入账时间;或者说从客人入住时间起,就开始计算营业收入。

2)客房营业收入的入账价格

饭店常用的客房价格有标准价、旺季价、淡季价、优惠价、团队价、折扣价等。标准房价是由饭店制定并经物价部门审核批准的价格。在经营中,饭店在规定的浮动范围内,按照市场供求关系的变化而自行决定具体的销售价格。因此,只有按照实际价格入账,才能准确计算客房营业收入,即客房实际出租价格是客房营业收入的入账价格。

3)客房营业收入的结算方式

各类饭店的客房营业收入的结算方式主要有预收制、现收制、应收制 3 种。

(1)预收制

预收制是指付费在先、服务在后的一种收款制度。饭店在客人登记住店时,对一些信用不好或不甚了解的客人,根据其拟住天数,预收服务费,在会计核算上做预收定金列账。宾客住店后每天应付的费用与应收制处理相同,列为应收账款。待客人离店时,以预收定金抵付应收款,多退少补。

(2)现收制

现收制是指向客人提供服务的同时以现金或银行支票(信用卡)方式收取房费的结算方式。

(3)应收制

应收制是指先入住、后付款的一种结算方式。饭店对信用良好的客人,事先不收取定金,饭店先为客人提供服务后,离店时一次性向客人结清账款。

目前,大部分饭店采用预收制进行结算。按照客人预定天数先收取押金,有的饭店甚至在客人超过预定天数,押金不足时,还要客人补交押金。而现收制、应收制结算方式使用较少,特别是应收制方式。但无论是采用哪种结算方式,饭店必须严格按照内部操作规程和有关手续制度,组织业务活动和款项结算,并报财会部门进行账务处理。

4）客房营业收入的核算

饭店客房营业收入，在会计上应设置"主营业务收入"账户进行核算。由于饭店涉及盈利的部门很多，如客房部、餐饮部等，为便于准确进行收入核算，应在"主营业务收入"总账下，按内部各服务部门的不同下设二级明细账户，如客房收入、餐饮收入等。据此，客房营业收入需在"主营业务收入——客房收入"账户中进行核算。

当客房实现营业收入时，借记"银行存款"、"库存现金"、"应收账款"，贷记"主营业务收入——客房收入"；月末，本账户结转入"本年利润"，借记"主营业务收入——客房收入"，贷记"本年利润"，结转后该账户无余额。

在每个营业日结束后，总台结账处的所有客账处理经夜间稽核人员检查后做出"营业日报表"，该报表、结过账的原始单据经日间稽核人员进一步检查后，一并送到财务部会计组，作为记账的原始凭证。会计在进行账务处理时，根据房费结算方式的不同其处理方式有异。

（1）预收制

财会部门通过审核日报表、原始单据等，借记"库存现金"或"银行存款"，贷记"应收账款"；每日按日报表中属于客人每天应付房费额列作当日营业收入，并核销应收账款，借记"应收账款"，贷记"主营业务收入"。

[**例10.1**] 某饭店4月20日入住宾客1人，房价为200元／天，拟住10天，预收保证金2 000元，次日发生餐饮费用100元，10日后退房。编制会计分录如下：

①4月20日收到保证金时：

借：库存现金　　　　　　　　　　　　　　　　2 000

　　贷：应收账款——预收保证金　　　　　　　　　　2 000

②4月21日发生餐费100元，并结转当日房费：

借：应收账款　　　　　　　　　　　　　　　　300

　　贷：主营业务收入——客房收入　　　　　　　　　200

　　　　　　　　　　——餐饮收入　　　　　　　　　100

③4月22日以后，每日结转客房收入：

借：应收账款　　　　　　　　　　　　　　　　200

　　贷：主营业务收入——客房收入　　　　　　　　　200

④如果7日后客人离店，按照多退少补原则，退还客人的保证金500元（2 000－200×7－100），做会计分录如下：

借:应收账款   500

  贷:库存现金   500

⑤如果10日后客人离店,根据预收凭证进行结算,客人应补交100元(2 000 – 200 × 10 – 100),编制如下会计分录:

借:库存现金   100

  贷:应收账款   100

(2)现收制

财会部门根据每日总台收到的现款作为饭店当日客房收入入账,借记"库存现金"或"银行存款"账户,贷记"主营业务收入"账户。

[例10.2] 某饭店5月16日的营业日报表、缴费单显示当日的客房收入为现金12 000元、支票3 000元。编制会计分录如下:

借:库存现金   12 000

  银行存款   3 000

  贷:主营业务收入——客房收入   15 000

(3)应收制

根据日报表,借记"应收账款——客房欠款",贷记"主营业务收入——客房收入"。待实际结算房费时,核销应收账款,借记"银行存款"、"库存现金",贷记"应收账款——客房欠款"。

[例10.3] 某饭店按与某旅行社签订的合同接待一旅行团,预订客房10间,每间150元/天。该旅行团按预约住了3天。旅行团离店后,旅行社用支票结清房款。

①旅行团入住饭店后,财务部根据总服务台"营业日报表",每日应做会计分录如下(共3天):

借:应收账款——某旅行社   1 500

  贷:主营业务收入——客房收入   1 500

②旅行团离店后,旅行社以支票方式结清房费。分录如下:

借:银行存款   4 500

  贷:应收账款——某旅行社   4 500

10.2.2 客房营业成本的核算

1)客房营业费用核算的账户设置

饭店的客房业务经营过程中发生的各项直接耗费构成客房的主营业务成

本,在进行会计处理时,应该将客房营业收入与之相配比,求得经济效益。为此,饭店在进行客房部的会计核算时,可以设"主营业务成本"账户。核算的内容主要有:经营人员工资、福利费、培训费、工作餐费、服装费、洗涤费、差旅费、房屋及有关设备的折旧费、低值易耗品摊销费、水电费、邮电费、修理费等。

2)客房营业费用的账务处理

客房部发生费用支出时,借记"主营业务成本——客房部"账户,贷记"应付职工薪酬"、"原材料"、"低值易耗品"、"其他应付款"、"银行存款"等账户。期末,结转该账户余额到"本年利润",结转后该账户无余额。

[**例**10.4]　某饭店客房部10月23日领用香皂、牙膏、牙刷、梳子等物料用品一批,价值总计2 600元。根据有关凭证编制会计分录如下:

借:主营业务成本——客房部　　　　　　　　　2 600
　　贷:低值易耗品　　　　　　　　　　　　　　　2 600

[**例**10.5]　某饭店客房部7月分配客房部员工工资、奖金及津贴共314 026元。根据有关凭证编制如下会计分录:

借:主营业务成本——客房部　　　　　　　　　314 026
　　贷:应付职工薪酬　　　　　　　　　　　　　　314 026

10.2.3　客房营业税金及附加的核算

根据我国现行税法规定,饭店取得了客房收入必须及时缴纳有关的营业税金及附加,此项一般包括营业税、城市维护建设税、教育费附加等。其中,客房收入的营业税率为5%,教育费附加率为3%,城市维护建设税率因企业所在地的不同而不同(纳税人所在地为市区的,税率为7%;所在地为县城、镇的,为5%;不在市区、县城或镇的,为1%)。

对于客房经营活动中应缴纳的税金,会计上通过"营业税金及附加"、"应交税费"等账户进行核算,核算工作一般按月进行。

[**例**10.6]　某饭店本月客房部营业收入总额100 000元,计算应纳税额如下(假设城建税率为7%):

应交营业税=100 000×5%元=5 000元

应交城市维护建设税=5 000×7%元=350元

应交教育费附加=5 000×3%元=150元

根据上述计算结果做会计分录如下:

①月末计提应交营业税金及附加:

借:营业税金及附加　　　　　　　　　　　　　　5 500
　　贷:应交税费——应交营业税　　　　　　　　　　　5 000
　　　　　　　——应交城市维护建设税　　　　　　　　350
　　　　　　　——应交教育费附加　　　　　　　　　　150
②月末结转营业税金及附加:
借:本年利润　　　　　　　　　　　　　　　　　5 500
　　贷:营业税金及附加　　　　　　　　　　　　　　　5 500
③下月初,缴纳上月份营业税金及附加:
借:应交税费——应交营业税　　　　　　　　　　5 000
　　　　　　——应交城市维护建设税　　　　　　　350
　　　　　　——应交教育费附加　　　　　　　　　150
　　贷:银行存款　　　　　　　　　　　　　　　　　5 500

10.2.4　客房部营业损益的核算

客房部的营业损益体现为经营利润,其计算公式为:

　　客房经营利润 = 主营业务收入 - 主营业务成本 - 营业税金及附加

如果客房部在一定期间内实现的营业收入不足以抵补所发生的营业费用和营业税金及附加,其差额为亏损额;反之为盈余额。

客房部经营利润的计算步骤为:汇集客房主营业务收入;计算并结转客房部应纳营业税金及附加;汇集结转客房部的营业费用;计算客房部的利润。

[例10.7]　某饭店本月客房营业收入100 000元,本月应交营业税金及附加5 500元,本月营业费用为23 000元。

由客房经营利润计算公式计算得出,本月客房经营利润 = 100 000元 - 5 500元 - 23 000元 = 71 500元。

月末做有关客房部主营业务收入、营业费用和营业税金及附加的结转分录如下:

借:主营业务收入——客房收入　　　　　　　　100 000
　　贷:本年利润——客房部　　　　　　　　　　　　100 000
借:本年利润　　　　　　　　　　　　　　　　　28 500
　　贷:主营业务成本　　　　　　　　　　　　　　　23 000
　　　　营业税金及附加——客房部　　　　　　　　　5 500

10.3 餐饮经营业务的核算

餐饮部是饭店的重要组成部分。餐饮部是指从事加工烹制餐饮食品,并当即供应给顾客食用的部门。其经营范围广、种类多,包括中餐、西餐、宴会、酒吧,经营方式有宴会、包餐、点菜等。餐饮收入一般占饭店营业收入的1/3,是饭店营业收入的重要来源之一。

10.3.1 餐饮业务的特点

1)餐饮业务具有餐饮制品生产、销售和提供就餐服务等三项职能

从餐饮制品的生产过程来看,既类似工业企业又不同于工业企业。首先,工业企业生产产品时一般不直接与消费者见面,而餐饮制品是产销直接见面;其次,工业企业的生产机械化程度高,而餐饮制品的生产大部分是手工操作,对制作者的技能要求高。从餐饮制品直接出售给消费者来看,又具有零售企业的特征,但又不完全相同于零售企业。首先,餐饮业既要提供商品又要提供客人消费的场所;其次,出售餐饮制品的同时,还要提供必要的餐饮服务,如点菜服务、上菜服务等,而随着消费层次的提高,服务的规格也逐步由规范化走向个性化、定制化。可见,餐饮业务具有餐饮制品生产、销售与提供就餐服务三项职能。餐饮部的厨房生产出可口的美食,是提供餐饮服务的基础;而餐厅提供优质服务,则是对厨房生产食品的继续和完善,二者相辅相成,互为条件,最终目的是通过满足客人在餐饮方面的需求,从而实现饭店的经营目标。

2)餐饮业务的生产、销售、消费三环节是同时进行的

服务产品具有无形性、不可存储性、生产消费的同时性等特征,而餐饮业务作为一种服务产品,也就具有了生产、销售、消费三环节同时进行的特征。餐饮制品的生产一般是先有买主,而后生产,边生产边销售,之后客人马上进行消费,生产、销售、消费整个过程时间很短,三个环节几乎同时进行。因此,资金周转快,需用资金少,餐饮业务存在生产费用和营业费用难于划分的问题。

3)餐饮部门成本构成复杂,不易控制

餐饮食品的原材料有鲜活品、干货、半成品、各种瓜果等,很多原材料不能直接食用。同时,原材料的配料比例和产品的加工方法各不相同,加工过程中损耗

程度差别很大。因此,成本构成复杂,对每种产品也无法分批分件地进行成本核算。另外,餐饮部门还同时经营烟酒、冷饮等外购商品,因而成本费用不易控制,只能就整个部门的主营业务成本进行核算。

10.3.2 餐饮营业收入的核算

1)餐饮收入管理的基本要求

为了有效地进行餐饮收入的管理,需做到以下3点:

①建立健全收款点、营业员工作岗位责任制,保证日清月结,产销核对,账款相符。

②做好销售价格的计算控制工作。设有丰富操作经验的专职或兼职营业物价员计算各类食品、菜肴的销售价格,并由财会部门对销售价格进行稽核审查。

③每日营业结束,由收银员填报"营业收入日报表",连同账单和收取的款项,封入夜间保险柜,次日晨由总出纳审核点收,将现金、支票存入银行,应收账款作入账处理。

2)餐饮制品销售价格的确定

在制定餐饮制品的售价时,应该贯彻国家的价格政策。但是,由于餐饮制品的花样品种繁多,规格不一,加上经营规模、烹饪技术、制作方法、设备条件不同,很难像普通商品一样统一定价,而是根据按质、分等论价的原则,规定各类饮食制品的毛利率幅度,由餐厅根据具体情况,在规定的幅度范围内确定毛利率,实行毛利率定额管理。在一般情况下,餐饮业根据投料定额成本和毛利率,来确定餐饮制品的销售价格。

(1)投料定额成本的计算

餐饮食品的经营过程是一个生产、销售、消费同时进行的过程,不易对每种产品按其实际耗用原材料进行核算成本。为了便于核算原材料耗用,考核产品质量,合理制定销售价格,要求企业必须实行原材料投料定额制度,正确规定各种食品菜肴的投料标准。投料标准是在保证质量的前提下对每种食品菜肴的各种规格所需原材料耗用量作出的具体规定,包括主料用量、副料用量、调料用量。投料定额成本是指按照投料标准生产食品菜肴所需投放原材料的总额。投料定额可以按毛料计算,也可按净料计算。净料是指购入的毛料经过拣洗、宰杀、拆卸、涨发、切削等加工处理后的原材料。

净料总成本 = 毛料总成本 − 下脚料成本

$$净料单位成本 = 净料总成本 / 净料重量$$

（2）销售价格的确定

①毛利率定价法。毛利率定价法又称内扣毛利率法，是以餐饮制品的售价为基础，根据销售价格与内含毛利率之间的比例关系来确定销售价格的方法。内含毛利率是反映毛利在销售收入中所占的比例。其计算公式如下：

$$毛利额 = 销售价格 - 投料定额成本$$

$$毛利率 = 毛利额 / 销售价格 \times 100\%$$

$$销售价格 = 投料定额成本 /（1 - 毛利率）$$

例如，一份宫保鸡丁的投料定额成本是 10 元，规定毛利率为 50%，其售价为 20 元$[10/（1 - 50\%）= 20]$。

②加成率定价法。加成率定价法也称成本毛利率法，是以投料定额成本为基数，按照销售价格与加成率之间的比例关系来确定销售价格的方法。加成率是反映毛利在投料定额成本中所占的比例。其计算公式如下：

$$毛利额 = 销售价格 - 投料定额成本$$

$$加成率 = 毛利额 / 投料定额成本 \times 100\%$$

$$销售价格 = 投料定额成本 \times（1 + 加成率）$$

例如，上例中宫保鸡丁按照加成率 100% 确定销售价格为 20 元$[10 \times （1 + 100\%）]$。

饭店为了便利客人的消费需求，除销售自制饮食制品外，还供应一些外购食品、饮料。这些外购商品的销售价格根据购进成本加一定的毛利额确定，毛利额的多少与饭店的等级和服务质量有关。

③毛利率与加成率的换算。为了满足餐饮管理的需要，有时需进行毛利率和加成率的互换。其换算公式如下：

$$加成率 = 毛利率 /（1 - 毛利率）\times 100\%$$

$$毛利率 = 加成率 /（1 + 加成率）\times 100\%$$

例如，宫保鸡丁的毛利率为 50%，则加成率为 100%$[50\%/（1 - 50\%）\times 100\%]$；宫保鸡丁的加成率为 100%，则毛利率为 50%$[100\%/（1 + 100\%）\times 100\%]$。

3）餐饮收入的核算

饭店财会部门接到现金以及账单、点菜单等凭证审核无误后，应将餐饮收入按实际价格入账，借记"库存现金"、"银行存款"、"应收账款"账户，贷记"主营业务收入"账户；月末将"主营业务收入"账户余额转入"本年利润"账户，结转后该账户无余额。

为了反映餐饮收入的明细情况，应在"主营业务收入"账户下，设置二级明

细账户"餐饮收入",三级明细账户"服务收入"、"酒水收入"、"餐费收入"等。

[例10.8] 某餐厅各营业部送来当日营业日报表及内部缴款单,其中餐费收入 4 000 元,服务收入 700 元。根据有关凭证做会计分录为:

借:银行存款　　　　　　　　　　　　　　　　　4 700

贷:主营业务收入——餐饮收入——餐费收入　　　　　 4 000

　　　　　　　　——服务收入　　　　　　　　　 700

10.3.3　餐饮营业成本的核算

1)餐饮营业成本核算的特点

从理论上讲,餐饮营业成本应该是餐饮部门加工烹制主副食品的生产费用和营业费用的总和,包括原材料、燃料、机器设备和人工的耗费等。但是,由于餐饮业加工烹制主副食品,是边生产边销售,其生产周期短,生产费用与营业费用难以划分;同时餐饮制品品种较多,数量零星,各种餐饮制品的成本难以一一计算。因此,现行制度规定:第一,餐饮业的产品成本账户,即"主营业务成本"账户,只核算耗用的原材料成本,其他成本项目,如工资、折旧费、物料消耗和其他费用等均列入"管理费用"、"营业费用"等费用账户中进行核算;第二,餐饮业的产品成本是以全部产品为对象来核算综合成本,而不按每道菜肴或食品来进行核算。

2)餐饮原材料的核算

(1)原材料的分类

餐饮业的原材料可以按其在餐饮制品中所起的作用分类,也可以按其存放地点分类。

原材料按其在餐饮制品中所起的作用分为以下几类:

①粮食类,是指制作主食品的大米、面粉、糯米等原材料。

②副食类,是指鸡、鸭、鱼、肉、蛋及各类蔬菜等原材料。副食类的品种繁多,价格高低悬殊。由于鸡、鸭、蔬菜等副食品,属于鲜活类材料,容易变质,应做到随时采购,随时消耗。

③干菜类,是指木耳、香菇、黄花菜、干鱼翅、干海参等干菜。它们一般不易变质,可以储存,采购时可适当考虑库存。

④其他类,是指除以上 3 类以外的其他各种材料,如调料、油、盐、酱、醋等。

原材料按其存放的地点可分为以下几类:

①入库管理类,是指购进量大、能较长时间存储的材料,如粮油、干货、调味品等。在购进这类材料时应办理验收入库的手续,由专人保管,设置材料明细账,建立领料制度,保持合理的储备数量。

②不入库管理类,是指购进量少,且不能长时间存储的材料,如肉、鱼、蔬菜等鲜活类材料。对这类材料应采取随购随用,购入时直接交厨房验收后使用。

(2)原材料的核算

①原材料调拨的核算。

a. 内部厨房之间的调拨。

因厨房的原材料已从"原材料"账户转入"主营业务成本"账户,故对"原材料"账户所属明细账户不作调整,仅调整"主营业务成本"账户所属明细账。

[例10.9] 由第一厨房拨给第三厨房豆油100千克,每千克单价9.5元,计950元。做会计分录如下:

借:主营业务成本——第三厨房　　　　　　　　　　950

　　贷:主营业务成本——第一厨房　　　　　　　　　　950

b. 对外处理出售。

原材料的出售,是为了减少材料资金的占有,加速资金周转。对象是不需用的原材料,或库存较多、一时用不完的原材料。若调剂处理回收的价款大于账面价值,则差额作为"其他业务收入"入账,反之则作为"其他业务成本"入账。

[例10.10] 经上级批准,饭店仓库将一批积压数月但未过保质期的调味品处理给某商店。账面价值800元,回收价款700元。根据出库单、收据等凭证,编制会计分录如下:

借:银行存款　　　　　　　　　　　　　　　　　700

　　其他业务成本　　　　　　　　　　　　　　　100

　　贷:原材料　　　　　　　　　　　　　　　　　800

②原材料发出的核算。餐饮企业在发出原材料时,借记"主营业务成本"账户,贷记"原材料"账户。

[例10.11] 某饭店餐饮部操作间领用面粉100千克,每千克单价3.00元,金额300元;海参10千克,每千克单价600元,金额为6 000元。根据领料凭证,编制会计分录如下:

借:主营业务成本　　　　　　　　　　　　　　6 300

　　贷:原材料——面粉　　　　　　　　　　　　　300

　　　原材料——海参　　　　　　　　　　　　　6 000

由于各种材料一般都是多批购进,每批购进的单价常会因季节、调价等原因

而各不相同,因此在发出原材料时应先确定其单价。通常原材料的发出有个别计价法、先进先出法、加权平均法、后进先出法等。具体核算方法本书第 4 章已作了阐述,在此不再重复。

③委托加工材料的核算。委托加工材料虽然暂时由加工单位负责保管,但其所有权属于本企业所有。加工完毕后再运回本企业验收入库,由本企业向加工单位支付加工费用。

委托加工单位加工材料时,要由业务部门与加工单位签订合同,填制委托加工发料单一式数联。一联交仓库据以发料和登记保管账,其余各联随加工材料送交委托单位签收,签收后退回两联:一联由业务部门留存,据以对委托加工材料进行管理,一联交财会部门进行核算。

[例10.12] 某餐饮部委托某豆制品厂加工豆浆,发出黄豆 120 千克,每千克 2 元,共计 240 元。另支付运费 10 元,豆浆加工费 50 元。编制会计分录如下:

　　a. 根据委托加工发料单:
　　借:委托加工物质——加工豆浆　　　　　　　　　　240
　　　　贷:原材料——黄豆　　　　　　　　　　　　　　　240
　　b. 以现金支付运费 10 元时:
　　借:委托加工物质——加工豆浆　　　　　　　　　　10
　　　　贷:库存现金　　　　　　　　　　　　　　　　　　10
　　c. 以现金支付加工费 50 元时:
　　借:委托加工物质——加工豆浆　　　　　　　　　　50
　　　　贷:库存现金　　　　　　　　　　　　　　　　　　50
　　d. 验收入库:
　　借:原材料——豆浆　　　　　　　　　　　　　　　300
　　　　贷:委托加工物质——加工豆浆　　　　　　　　　300
　　e. 拨付餐饮部:
　　借:主营业务成本　　　　　　　　　　　　　　　　300
　　　　贷:原材料——豆浆　　　　　　　　　　　　　　　300

3)餐饮营业成本核算

为正确核算餐饮业成本的发生和结转的变动情况,应设置"主营业务成本"账户。该账户属于损益类账户,当经营过程中发生成本增加额时,借记本账户,经营中各项成本转出时,贷记本账户,期末无余额。可按不同部门设置明细账,如"主营业务成本——餐饮部——中餐厅厨房"等。

餐饮制品的成本包括所耗用的原材料,即组成餐饮制品的主料、配料和调料三大类,每一会计期末应核算餐饮成本。餐饮成本的核算方法,实际就是餐饮制品耗用原材料成本的具体计算方法。根据餐饮业规模和管理方式,通常有永续盘存制和实地盘存制两种方法。

①永续盘存制。永续盘存制是按照餐饮加工部门实际领用数来计算耗用原材料成本的方法。餐饮部门当月从餐饮材料仓库领用和从外部直接采购投入使用的材料价值,计入餐饮制品的成本。月末盘点或估计已领未用餐饮材料、在制品和未销售制成品的价值,从本期领用材料价值中扣除,并办理假退料手续,下月初再如数冲回。

餐饮部本期成本计算公式如下:

本月耗用原材料成本 = 厨房月初结存数 + 本月领用额 +

本月直接采购数额 - 厨房月末结存数额

采用该方法核算手续严密,有利于加强财产管理和成本控制。它适用于实行"领料制"的餐饮企业。

[例10.13] 某饭店设有川菜、粤菜2个厨房、2个餐厅,2006年4月发生如下业务:

a.2日从A供应商处购入活鱼50千克,单价10元,经验收后由川菜厨房直接全部领用;购进海蟹50千克,单价100元,养殖虾20千克,单价80元,全部直接交由粤菜厅。款项尚未支付。按收料单做会计分录如下:

借:主营业务成本——川菜 500

　　　　　　——粤菜 6 600

　贷:应付账款——A供应商 7 100

b.5日,各厨房分别从库房领用大米100千克,单价2.2元。

借:主营业务成本——川菜 220

　　　　　　——粤菜 220

　贷:原材料——大米 440

c.月末盘点,川菜厨房结余料80元,粤菜厨房结余料3 250元。按盘点表填制如下红字凭证冲账,做假退料。

借:主营业务成本——川菜 80(红字)

　　　　　　——粤菜 3 250(红字)

　贷:原材料 3 330(红字)

d.月末结转餐饮成本,编制会计分录如下:

借:本年利润 4 210

贷：主营业务成本　　　　　　　　　　　　　　　　　　　　4 210

e.5 月初,用蓝字凭证将上月末冲销原料金额重新入账:

借：主营业务成本——川菜　　　　　　　　　　　　　80

　　　　　　　——粤菜　　　　　　　　　　　　3 250

　　贷：原材料　　　　　　　　　　　　　　　　　　　　3 330

②实地盘存制。采用这种方法时,平时领用原材料时,不填写领料单,不进行账务处理。月末时,将厨房剩余材料、在制品、制成品的盘点金额加上库存原材料的盘存金额,而后倒挤出耗用的原材料成本。计算公式如下:

本月耗用原材料成本 = 原材料月初仓库和厨房结存数 +

　　　　　　　　　本月购进总额 – 月末仓库和厨房盘存总额

[例10.14]　某餐厅"原材料"账户的月初余额为 1 900 元,本月购进原材料的总金额为 30 000 元,月末根据盘存表计算仓库和厨房盘存总额为 2 300 元。采用实地盘存制计算该餐厅本月耗用的原材料成本。

本月耗用原材料成本 = 1 900 元 + 30 000 元 – 2 300 元 = 29 600 元

根据计算结果,做会计分录如下:

借：主营业务成本　　　　　　　　　　　　　　　　　　　29 600

　　贷：原材料　　　　　　　　　　　　　　　　　　　　29 600

采用此法手续简单,但核算不严密,其结果是将材料的损耗、差错和短缺全部挤入耗用成本,不利于强化成本控制和企业管理。它一般适用于没有条件实行领料制的小型餐饮企业。

餐饮部营业费用的核算与客房部营业费用的核算相同,见客房经营业务核算有关内容。

10.3.4　餐饮营业税金及附加的核算

按照我国现行税法的规定,餐饮部所取得的营业收入应按月缴纳营业税、城市维护建设税和教育费附加等,相关的税率及核算方法同客房部,见客房业务核算有关内容。

10.4　应交税费的核算

根据我国现行税法以及有关行业法规的规定,饭店在经营过程中需将客房、餐饮收入和商品部的收入分别核算,分别计缴营业税和增值税。据此,商品部在经营过程中,与客房部和餐饮部不同,它应计纳增值税、城市维护建设税及教育费附加等。一般而言,饭店商品部属于增值税小规模纳税人,其增值税率为4%,教育费附加率为3%,城市维护建设税率因企业所在地的不同而不同(纳税人所在地为市区的,税率为7%;所在地为县城、镇的,为5%;其他的,为1%)。

对于商品经营活动中应缴纳的税金,会计上通过"应交税费"、"主营业务税金及附加"等账户进行核算,核算工作一般按月进行。

①缴纳增值税时:

借:应交税费——应交增值税

　　贷:银行存款

②计提城市建设维护税和教育费附加时:

$$城市维护建设税 = 增值税额 \times 适用税率$$

$$教育费附加 = 增值税额 \times 3\%$$

借:营业税金及附加

　　贷:应交税费——应交城市建设维护税

　　　　　　　　——应交教育费附加

③缴纳城市建设维护税和教育费附加时:

借:应交税费——应交城市建设维护税

　　　　　　——应交教育费附加

　　贷:银行存款

商品经营业务的核算包括对商品购、销、存的核算。限于教材篇幅,本章不作介绍。

本章小结

饭店客房营业收入的入账时间是客房实际出租时间;入账价格是客房实际出租价格;结算方式有预收制、现收制、应收制3种。根据房费结算方式的不同,客房收入的账务处理方法有异。核算时,主要通过"主营业务收入"等账户进行。

餐饮业务的核算主要包括餐饮收入的核算、餐饮原材料的核算、餐饮成本的核算。其中,餐饮成本的核算包括永续盘存制和实地盘存制两种。销售制品销售价格的制定有两种方法:毛利率定价法和加成率定价法。在进行餐饮业务的核算时,主要涉及"主营业务收入"、"主营业务成本"等账户。

根据税法及有关行业法规的规定,饭店应将客房、餐饮收入分别核算,并分别缴纳相关税费。

本章自测题

一、思考题

1.客房营业收入的入账时间和入账价格是如何确定的?

2.客房业务的利润等于什么?为什么没有营业成本?

3.餐饮部原材料的分类方法有哪些?

4.餐饮成本核算的方法有哪些?

5.什么是售价金额核算法?该方法的特点是什么?

二、练习题

(一)习题一

1.目的:练习饭店经营业务的核算。

2.资料:某饭店8月份的经营业务如下:

①1日,厨房验收肉、蛋、蔬菜一批,计6 000元;

②2日,客房领用毛巾30条,单价5元,领用床单10条,单价70元。

③5日,餐饮部修理厨具,花费420元。

④8日,管理部门支付业务招待费2 000元。

⑤10日,客房部经理张民报销差旅费2 000元。

⑥14日,受顾客张明委托,预订宴席2桌,每桌800元,预收定金200元。

⑦16日,顾客张明如期开宴,除宴席每桌800元外,每桌加烟酒饮料200元,除定金抵补酒席款外,另付现金1 800元。

⑧21日,以现金方式支付餐饮部员工培训费2 000元。

⑨25日,签发转账支票支付本月办公用房租赁费1 200元。

⑩30日,分配营业部门员工工资40 000元,并按工资总额的14%计提营业部门员工福利费。

3.要求:编制会计分录。

(二)习题二

1.目的:练习餐饮制品销售价格的制定。

2.资料:某饭店中餐厅9月20日菜品的配料资料如下:

①推出佛跳墙菜品。每锅菜品用鲜牛肉0.5千克,每千克28元;上等火腿0.2千克,每千克100元;鱼翅0.2千克,每千克300元;海参0.2千克,每千克

150 元;其他调配料 15 元。

②推出双菇炒冬笋菜品。每份菜肴用冬笋 0.1 千克,每千克 18 元;冬菇 0.1 千克,每千克 40 元;蘑菇 0.15 千克,每千克 10 元;其他调配料 1 元。

③推出清蒸甲鱼菜品。每份清蒸甲鱼用甲鱼一只,重 0.5 千克,每千克 200 元,其他调配料 2 元。

3. 要求:

①如果毛利率为 50%,计算每种菜品的售价。

②如果加成率为 50%,计算每种菜品的售价。

旅行社经营业务的核算

11.1　旅行社经营业务概述

旅行社是旅游业的媒体,是旅游者与饭店、餐饮、车船公司、娱乐部门联系的一条纽带。旅行社经营业务内容大体可分为两类:一是组团招徕,二是导游接待。旅行社也由此可分为组团社和接团社。组团社负责根据国内外旅游者的不同要求,将旅游者组成各类旅行团,并负责旅行团在当地的游览活动。各地接团社是按照旅行团的活动计划,在不同地点提供导游、餐饮、住宿、交通、游览、购物、娱乐等一系列服务。一个旅行社可能既是组团社,又是接团社。

11.2　旅行社营业收入的核算

11.2.1　旅行社营业收入的内容

旅行社营业收入是指旅行社为旅游、观光、度假、参观者等提供各项服务所取得的收入。旅行社经营业务的特点,决定了旅行社的营业收入主要是各项服务收费。由于服务项目和服务内容不同,不同旅行社营业收入的内容不完全相

同,但可归纳为以下几种类型:

1) 组团外联收入

组团外联收入是指由组团社自组外联,收取旅游者住房、用餐、旅游交通、翻译导游、景点游览等的收入。

2) 综合服务收入

综合服务收入是指接团社向旅游者收取的包括市内交通费、导游服务费、一般景点门票等在内的包价费用收入。除旅游者从组团地到接团地的交通费、服务费一般由组团社支付,其他费用都是组团社拨付给接团社,再由接团社支付给相关的饭店、餐馆、车船公司、旅游景点等,这部分拨付款构成接团社的综合服务收入。

3) 零星服务收入

零星服务收入是指各旅行社接待零星旅游者和承办委托事务所取得的服务收入。

4) 劳务收入

劳务收入是指非组团社为组团社提供境内全程导游翻译人员所取得的收入。

5) 票务收入

票务收入是指旅行社办理代售国际联运客票和国内客票的手续费收入。

6) 地游及加项收入

地游及加项收入是指接团社向旅游者收取的按旅游者要求增加的计划外当地旅游项目的费用。

7) 其他服务收入

其他服务收入是指不属于以上各项的其他服务收入。

11.2.2 旅行社营业收入的确认

会计准则规定,同时符合以下4项条件时,营业收入方能确认:

①企业已将商品所有权上的主要风险和报酬转移给购货方;

②企业既没有保留通常与所有权相联系的继续管理权,也没有对已售出的商品实施控制;

③与交易相关的经济利益能够流入企业;

④相关的收入和成本能够可靠地计量。

旅行社营业收入就是依据上述原则确认的。旅行社无论是组团社还是接团社,组织境外旅游者到国内旅游,应以旅游团队离境或离开本地时确认营业收入的实现;旅行社组织国内旅游者到境外旅游,以旅游团队结束旅行返回时确认营业收入的实现;旅行社组织国内旅游者到国内旅游,也以旅游团旅行结束返回时确认营业收入的实现。

11.2.3 旅行社营业收入的核算

1)"主营业务收入"账户的设置

旅行社的营业收入,不论是组团社的营业收入还是接团社的营业收入,都要通过设置"主营业务收入"账户进行核算。当旅行社实现营业收入时,按实际价款记账,借记"银行存款"、"应收账款"等账户,贷记"主营业务收入"账户。该账户期末余额转入"本年利润"账户,借记"主营业务收入",贷记"本年利润"账户,结转后该账户无余额。

"主营业务收入"属损益类账户,反映的是在销售商品、提供劳务及让渡资产使用等日常活动中形成的经济利益的总流入。旅行社在进行主营业务收入账户的设置时,为了更清楚地反映业务情况,应将"主营业务收入"账户按收入类别分设明细账。例如,可下设"组团外联收入"、"综合服务收入"、"零星服务收入"、"地游及加项收入"、"劳务收入"、"票务收入"、"其他收入"等二级账户;还可在二级账户下设置三级明细账户,如在"综合服务收入"二级明细账户下设置"房费收入"、"餐费收入"、"车费收入"、"文杂费收入"、"陪同费收入"、"其他收入"等三级明细账户。

2)组团营业收入的核算

组团业务,一般都是先收款,后支付费用。收款时,借记"银行存款"或"库存现金"账户,贷记"应收账款"账户。当提供旅游服务后,按月根据旅行团明细表进行结算,按所列团费收入金额,借记"应收账款"账户,贷记"主营业务收入"账户。

[例11.1] 重庆某旅行社3月10日组成30人的××旅行团赴海南5日游,已收旅行团费90 000元。3月15日该旅行团返回重庆。编制会计分录为:

①3月10日收取旅游团费时:

借:银行存款   90 000

　　　贷:应收账款——××旅行团　　　　　　　　　　　　90 000

②3月15日旅行团返回原地,确认营业收入时:

　　借:应收账款——××旅行团　　　　　　　　　　90 000

　　　贷:主营业务收入——外联组团收入　　　　　　　　90 000

3)接团营业收入的核算

接团业务,一般都是提供服务后再向组团社进行结算,也可以向组团社预收部分定金,按期结算。

旅行社因接团而取得的营业收入,应按接待的单团进行结算。凡接团社发生应收未收款项时,借记"应收账款"科目,贷记"主营业务收入"科目;当收回款项时,借记"银行存款(库存现金)",贷记"主营业务收入"。

[例11.2] 5月20—27日昆明A旅行社接重庆某旅行社××旅行团20人,该团在昆明游览后于27日下午离开。根据结算单,全部费用为32 000元,其中综合服务费27 000元,增加风味餐5次,记5 000元。编制会计分录如下:

　　借:应收账款——A旅行社——××旅行团　　　　32 000

　　　贷:主营业务收入——综合服务收入　　　　　　27 000

　　　　　　　　　　　——地游及加项收入　　　　　5 000

接团社与境外客商进行核算,一般应以境外客商确认旅行团出发的传真为依据。在旅行团出发的同时,根据有关合同、协议的规定,填写"结算单"进行结算,争取在旅行团入境前收到有关费用,并作相应的账务处理。

[例11.3] 收到确认某国A旅行社××旅行团出发的传真,销售部门填制"结算单",应收综合服务费包价为30 000元,交财务部门审核后编制会计分录如下:

①确认收入时:

　　借:应收账款——A旅行社——××旅行团　　　　30 000

　　　贷:主营业务收入——综合服务收入——××旅行团　30 000

②收到全额汇款时:

　　借:银行存款　　　　　　　　　　　　　　　　30 000

　　　贷:应收账款——A旅行社——××旅行团　　　　30 000

③在旅行过程中,根据旅客的要求增加品尝风味餐费1 000元,增加参观景点费用1 500元,加收10%的服务费后,由客人以现金方式支付。编制会计分录为:

　　借:库存现金　　　　　　　　　　　　　　　　2 750

　　　贷:主营业务收入——地游及加项收入　　　　　2 750

11.3　旅行社营业成本费用的核算

11.3.1　旅行社营业成本的内容

旅行社的营业成本是指直接用于接待旅游团队,为其提供各项服务所支付的费用。

旅行社营业成本的内容和其营业收入的内容是相对应的。具体包括:

1)组团外联成本

组团外联成本是指由组团社自组外联接待包价旅游团体或个人按规定开支的房费、餐费、旅游交通费、陪同费、文杂费和其他费用。

2)综合服务成本

综合服务成本是指旅行社接待包价旅游团队或个人按规定开支的住房费、餐费、旅游交通费、陪同费、文杂费和其他费用。

3)零星服务成本

零星服务成本是指接待零星旅游者和受托代办事项而支付的费用。

4)劳务成本

劳务成本是指旅行社派出翻译、导游人员或聘请兼职导游人员参加全程陪同而支付的费用。

5)票务成本

票务成本是指旅行社办理代售国际联运客票和国内客票而发生的订票手续费、包车费用和退票损失等。

6)地游及加项成本

地游及加项成本是指接待旅游者计划外增加游览项目和风味餐等时发生的费用。

7)其他服务成本

其他服务成本是指不属于以上各项的其他服务成本。

11.3.2 旅行社营业成本的特点

由于旅行社提供的是服务产品,因此,旅行社的营业成本与生产经营性企业的营业成本相比,有其显著的特点,主要表现在以下几方面。

1）旅行社营业成本核算的对象是纯服务成本

同生产性企业不同,旅行社属于服务性企业,它不能生产并出售具有实物形态的产品,而是为顾客提供导游、餐饮、住宿、交通、游览、购物、娱乐等一系列服务。因此,旅行社的营业成本的核算对象既不是产品的生产成本,也不是商品的进价成本,而是为旅游者提供旅游服务所支付的各项直接费用,即纯服务成本。

2）在旅行社旅游费用结算期间发生的费用多数不能与实现的收入同时入账

在旅行社的经营过程中,一般情况是,组团社先收费后接待,接团社先接待后向组团社收费,而与接团社相联系的宾馆、餐馆、车船公司往往也是先提供服务,后向接团社收费。接团社要等到各宾馆、餐馆、车船公司报来旅游费用结算账单后,才据以拨付旅游费用,同时向组团社汇出账单,收取服务费用。因此,在组团社和接团社,接团社与宾馆、餐馆、车船公司等接待单位之间便形成旅游费用结算期。这种结算期经常是跨月份甚至几个月,使得旅行社旅游费用结算期间发生的费用不能与实现的收入同时入账,给旅行社及时准确的成本核算带来困难。

为解决这一问题,按照权责发生制和配比原则,为正确核算旅游团队的收入和成本,只能以计划成本入账,再根据实际支出进行调整。也就是说,旅行社之间的费用结算,由于有一个结算期,当发生的费用支出不能与实现的营业收入同时入账时,应按计划成本先行结转,待计算出实际成本后再结转其差额。

11.3.3 旅行社营业成本的核算

1）"主营业务成本"账户的设置

无论是组团社,或是接团社的营业成本都要通过"主营业务成本"账户进行核算。"主营业务成本"账户属于损益类账户。在其下,按营业成本的具体内容应设置"组团外联成本"、"综合服务成本"、"零星服务成本"、"劳务成本"、"票务成本"、"地游及加项成本"、"其他服务成本"7 个明细分类账户,进行明细分类核算。

按权责发生制和配比原则,旅行社在结转营业成本时,分为实际成本结转和计划成本结转两种情况进行账务处理。采用实际成本结转时,借记"主营业务成本"账户,贷记"银行存款"、"应付账款"账户。

2)接团社营业成本核算

[例11.4] ①某旅行社接待北京一旅行团,支付酒店房费9 000元,餐费2 000元。编会计分录如下:

借:主营业务成本——综合服务成本——房费   9 000
            ——综合服务成本——餐费   2 000
  贷:银行存款   11 000

②该社支付景点门票费1 500元,交通费1 200元,编分录如下:

借:主营业务成本——综合服务成本——文杂费   1 500
            ——综合服务成本——交通费   1 200
  贷:银行存款   2 700

③支付代购回京机票的手续费200元,应记:

借:主营业务成本——票务成本   200
  贷:银行存款   200

④支付导游陪同补助费600元,支付游客要求增加的风味餐费800元,应记:

借:主营业务成本——综合服务费——陪同费   600
            ——地游及加项成本   800
  贷:库存现金   1 400

3)组团社营业成本核算

[例11.5] 某组团社于旅行团结算旅行后,收到A接团社送来的收费通知单和费用发票,经审核与委托协议所订标准相符,其收费内容为:综合服务费为18 000元,全程陪同劳务费1 600元,地游及加项费2 200元,其他费用400元。财会部门开出转账支票,向接团社付清费用。做分录如下:

借:主营业务成本——综合服务成本——A接团社   18 000
            ——劳务成本——A接团社   1 600
            ——地游及加项成本——A接团社   2 200
            ——其他服务成本——A接团社   400
  贷:银行存款   22 200

为保证结算的准确性,旅行社可以实行单团核算,即分别为每个旅行团开设一个账户,计算单团盈亏;还可以通过填制"组团单团盈亏结算单"和"接团单团盈亏结算单",作为内部核算资料,其具体格式可依实际情况而设计。

11.3.4 旅行社期间费用的核算

期间费用是指不能直接归属于某个特定对象成本的费用。它从主营业务收入中得到补偿,直接计入当期损益,其发生额不会影响到下一个会计期间。期间费用包括营业费用、管理费用、财务费用。

1)营业费用的核算

营业费用是指旅行社各营业部门在经营中发生的各项费用,包括展览费、广告宣传费、邮电费、水电费、差旅费、折旧费、修理费以及为销售本企业产品而专设的销售机构的经费等。

旅行社应设置"营业费用"账户来核算该费用。当费用发生时,借记"营业费用",贷记"银行存款"、"库存现金"、"应付职工薪酬"、"累计折旧"等账户。期末,将"营业费用"账户的余额转入"本年利润"账户,结转后该账户无余额。营业费用账户应按费用项目设置明细账,进行明细分类核算。

[例11.6] 某旅行社支付营业部门发生的广告宣传费 1 200 元。

借:营业费用 1 200

　贷:银行存款 1 200

2)管理费用的核算

旅行社的管理费用是指旅行社管理部门为经营活动的顺利进行而发生的各种费用。具体包括:邮电费,水电费,差旅费,折旧费,修理费,低值易耗品摊销,管理部门人员的工资、福利费、工作餐费和其他费用等。

发生管理费用时,借记"管理费用",贷记"银行存款"、"库存现金"、"应交税费"、"累计折旧"等账户。月末,将"管理费用"账户的余额转入"本年利润"账户,结转后该账户无余额。

[例11.7] 某旅行社 2007 年 4 月发生下列管理费用。编制会计分录如下:

①管理部门办公用品支出 2 000 元:

借:管理费用 2 000

　贷:银行存款 2 000

②摊销本月应分摊的开办费 7 500 元:

借:管理费用——开办费摊销　　　　　　　　　　7 500
　　贷:长期待摊费用　　　　　　　　　　　　　　　7 500
③应交房产税 6 100 元:
借:管理费用　　　　　　　　　　　　　　　　　6 100
　　贷:应交税费——应交房产税　　　　　　　　　6 100
④月末,结转上述管理费用:
借:本年利润　　　　　　　　　　　　　　　　　15 600
　　贷:管理费用　　　　　　　　　　　　　　　　15 600

3)财务费用的核算

　　旅行社的财务费用是指旅行社为筹集经营所需资金而发生的费用。它应按月归集,通过"财务费用"账户核算。发生财务费用时,借记"财务费用",贷记"应付利息"、"银行存款"、"长期借款"等账户;发生的利息收入、汇兑收益应冲减财务费用,借记"银行存款"、"长期借款"等账户,贷记"财务费用"账户。期末,"财务费用"账户余额应全部转入"本年利润",结转后该账户无余额。

　　[例 11.8]　某旅行社本月发生以下财务费用,编制会计分录如下:
①预提当月借款利息 88 000 元:
借:财务费用　　　　　　　　　　　　　　　　　88 000
　　贷:应付利息　　　　　　　　　　　　　　　　88 000
②本月应付的长期借款利息为 25 000 元:
借:财务费用　　　　　　　　　　　　　　　　　25 000
　　贷:长期借款——××银行　　　　　　　　　　25 000
③月末,结转财务费用共计 113 000 元:
借:本年利润　　　　　　　　　　　　　　　　　113 000
　　贷:财务费用　　　　　　　　　　　　　　　　113 000

11.4　旅行社营业税金及附加的核算

　　根据我国现行税法规定,旅行社的营业收入必须计纳有关的营业税金及附加,此项一般包括营业税、城市维护建设税、教育费附加等。需要注意的是,旅行社应按营业收入净额(营业收入扣除代收代付的房费、餐费、交通费等费用)计算交纳营业税。

　　按税法规定,旅行社所适用的营业税率为 5% ,教育费附加率为 3% ,城市维护建设税率因企业所在地的不同而不同(纳税人所在地为市区的,税率为7%；所在地为县城、镇的,为5%；不在市区、县城或镇的,为1%)。

对于旅行社经营活动中的应交税金,会计上通过"营业税金及附加"、"应交税费"等账户进行核算,核算工作一般按月进行。有关营业税、城建税、教育费附加的具体核算,参见第9章有关内容。

本章小结

旅行社营业收入是指旅行社为旅游、观光、度假、参观者等提供各项服务所取得的收入,主要包括组团外联收入、综合服务收入等7项内容。其核算分为组团营业收入核算和接团营业收入核算,涉及的账户有"主营业务收入"、"应收账款"等。

旅行社营业成本是指直接用于接待旅游团队,为其提供各项服务所支付的费用,主要包括组团外联成本、综合服务成本等7项内容。其核算分为组团社营业成本核算和接团社营业成本核算等。旅行社期间费用包括旅行社的营业费用、管理费用和财务费用。

本章自测题

一、思考题

1. 旅行社的营业收入包括哪些内容?

2. 组团社与接团社的营业收入核算有什么不同?

3. 旅行社的营业成本包括哪些内容?

4. 组团社与接团社的营业成本核算有什么不同?

二、练习题

1. 目的:练习旅行社经营业务的核算。

2. 资料:A市某旅行社7月份的经营业务如下:

① 7日,组织A—B市二日游旅游团。20人一个团已组成,预计支出情况如下:豪华大客车往返费2 000元,门票1 000元,餐费2 000元,导游陪同费200元,住宿费2 000元,毛利率为25%。全部价款9 000元已收到。

② 9日,导游李红向财会部门预领旅游费8 000元,财会部门拨付现金后带团出发。

③ 11日二日游结束,导游李红回来报销各项游览费用7 200元。在旅行过

程中,根据游客要求增加品尝风味餐费用 2 000 元,增加参观景点费用 1 000 元,共加收 15% 的服务费后,由客人以现金方式支付。导游交回多余现金 1 250 元。

④ 16 日,支付广告宣传费 2 000 元。

⑤ 20 日,预提银行借款利息 2 000 元。

⑥ 29 日,支付管理部门设备折旧费 10 000 元。

⑦ 30 日,以现金方式发放销售部门员工工资 15 000 元,管理部门员工工资 5 000 元。

⑧ 31 日,本月共计实现主营业务收入 23 万元,发生主营业务成本 15 万元,营业费用 3 万元,管理费用 10 000 元,财务费用 2 000 元。计提本月应缴纳的营业税金及附加(假设营业税率为 5%,城市维护建设税率为 7%,教育费附加率为 3%);计提本月应纳所得税(假设所得税率为 33%)。

⑨ 31 日,结转损益类账户余额到"本年利润"账户;结转"本年利润"账户余额到"利润分配"账户。

3. 要求:编制会计分录。

财务会计报告

【本章导读】

财务会计报告总括反映了企业某一特定日期的财务状况和某一会计期间的经营成果和现金流量。因此,了解财务会计报告的构成和作用,掌握财务会计报告的编报具有十分重要的意义。

【关键词】

财务会计报告　资产负债表　利润表　现金流量表　所有者权益变动表

12.1　财务会计报告概述

12.1.1　财务会计报告的概念和构成

1)财务会计报告的概念

财务会计报告是指企业对外提供的反映企业某一特定日期的财务状况和某一会计期间的经营成果、现金流量等会计信息的文件。它是根据日常会计核算资料和其他有关资料编制的,是企业向财务会计报告使用者提供会计信息的载体。

2)财务会计报告的构成

财务会计报告包括会计报表及其附注和其他应当在财务会计报告中披露的相关信息和资料。会计报表,又称财务报表,是对企业财务状况、经营成果和现金流量的结构性表述。财务报表一般包括资产负债表、利润表、现金流量表(小企业编制的会计报表可以不包括现金流量表)、所有者权益(或股东权益)变动表和附注等。

3)财务会计报告的作用

（1）向投资者和债权人提供会计信息

企业的投资者和债权人通过财务会计报告提供的会计信息,可以了解有关企业财务状况、经营成果和现金流动的情况,以进行正确的投资决策和信贷决策。同时,投资者还可以评估企业管理层受托资源的经营管理责任的履行情况。

（2）向企业管理者提供会计信息

企业管理者通过财务会计报告提供的会计信息,可以掌握本企业有关财务状况、经营成果和现金流动的情况,以考核和分析企业财务成本计划或预算的完成情况,总结和分析企业经营中所取得的成绩和存在的问题,评价企业的经济效益。

（3）向国家有关部门提供会计信息

国家有关部门通过对企业提供的财务会计报告资料进行汇总分析,可以了解和掌握各部门、各地区的经济运行情况,各项财经法律制度的执行情况,并针对存在的问题,采取各种经济杠杆和政策进行必要的宏观调控,促进社会资源的有效配置。

12.1.2 财务报表编制的基本要求

1)以持续经营为基础

企业在编制财务报表时,应当以持续经营为基础,根据实际发生的交易或者事项,按照企业会计准则的规定进行确认和计量。企业不能以附注披露代替确认和计量。以持续经营为基础编制财务报表不再合理,企业应当采取其他基础编制财务报表,并在附注中披露这一事实。

2)报表项目的列报应当在各个会计期间保持一致

财务报表项目的列报应当在各个会计期间保持一致,不得随意变更。在下列情况下,企业可以变更列报报表项目:

①会计准则要求改变财务报表项目的列报;

②企业经营业务的性质发生重大变化后,变更财务报表项目的列报能够提供更可靠、更相关的会计信息。

3)财务报表中单独列报重要性的项目

性质或功能不同的项目,应当在财务报表中单独列报,不具有重要性的项目除外。性质或功能类似的项目,其所属类别具有重要性的,应当按其类别在财务报表中单独列报。

4）财务报表中有关项目的金额不得相互抵消

财务报表中的资产项目和负债项目的金额、收入项目和费用项目的金额不得相互抵消，企业会计准则另有规定的除外。资产项目按扣除减值单位准备后的净额列示，不属于抵消；非日常活动产生的损益，以收入扣减费用后的净额列示，不属于抵消。

5）财务报表的列报要提供所有列报项目的比较数据和财务报表相关的说明

当期财务报表的列报，至少应当提供所有列报项目上一可比会计期间的比较数据，以及与理解当期财务报表相关的说明，企业会计准则另有规定的除外。企业变更财务报表列报项目的，应当对上期比较数据按照当期的列报要求进行调整，并在附注中披露原因和性质，以及调整的各项目金额。对上期比较数据进行调整不切实可行的，应当在附注中披露不能调整的原因。不切实可行，是指企业在作出所有合理努力后仍然无法采用某项规定。

企业应当在会计报表的显著位置披露下列项目：

①编报企业的名称；

②资产负债表日或财务报表涵盖的会计期间；

③人民币金额单位；

④财务报表是合并财务报表的，应当予以说明。

12.2　资产负债表

12.2.1　资产负债表的概念及意义

1）资产负债表的概念

资产负债表是反映企业某一特定日期（如月末、季末、年末等）财务状况的会计报表。它是根据"资产＝负债＋所有者权益"这一会计等式，按一定的分类标准和顺序，将企业在一定日期的全部资产、负债和所有者权益项目进行适当分类、汇总、排列后编制而成的，是一张静态报表。

2）资产负债表的意义

①通过资产负债表，可以反映企业资产的构成及其状况，能够分析企业在某

一日期所拥有的经济资源及其分布情况；

②通过资产负债表，可以反映企业在某一日期负债总额及其结构，分析企业目前与未来需要支付的债务数额；

③通过资产负债表，可以反映所有者在企业享有的权益，了解企业现有的投资者在企业资产总额中所占的份额；

④通过资产负债表，可以全面了解企业的财务状况，分析企业的债务偿还能力，从而为经济决策提供参考信息。

12.2.2　资产负债表编制的要求

①在资产负债表中，企业应当分流动资产和非流动资产、流动负债和非流动负债列示。

②资产负债表中的资产类至少应当单独列示反映下列信息的项目：

a. 货币资金；

b. 应收及预付款项；

c. 交易性投资；

d. 存货；

e. 持有至到期投资；

f. 长期股权投资；

g. 投资性房地产；

h. 固定资产；

i. 生物资产；

j. 递延所得税资产；

k. 无形资产。

③资产负债表中的负债类至少应当单独列示反映下列信息的项目：

a. 短期借款；

b. 应付及预收款项；

c. 应交税费；

d. 应付职工薪酬；

e. 预计负债；

f. 长期借款；

g. 长期应付款；

h. 应付债券；

i.递延所得税负债。

④资产负债表中的所有者权益类至少应当单独列示反映下列信息的项目：

a.实收资本或股本；

b.资本公积；

c.盈余公积；

d.未分配利润。

12.2.3　资产负债表的结构和格式

1)资产负债表的结构

资产负债表的结构一般分为账户式和报告式两种。报告式资产负债表,其编制的理论依据是"资产－负债＝所有者权益"这一会计等式。

账户式资产负债表,其编制的理论依据是"资产＝负债＋所有者权益"这一会计等式。账户式资产负债表分左右两方,左方列示资产项目。各项目的排列规律是:资产按资产的流动性大小排列,流动资产排列在前,非流动资产排列在后;右方列示负债和所有者权益项目,各项目的排列规律是:一般按求偿权先后顺序排列,负债排列在前,所有者权益排列在后。在此基础上,负债按偿还期限的长短排列,流动负债排列在前,非流动负债排列在后;所有者权益则按其永久性递减的顺序排列。

账户式资产负债表所反映的资产、负债和所有者权益的情况及其关系比较直观,并将企业资产项目放在突出的地位,表明企业的经营能力和发展前景。我国企业的资产负债表采用账户式结构。

2)资产负债表的编制方法

资产负债表各项目分别按"年初数"和"期末数"设专栏,以便进行比较,借以考核编制报表日各项资产、负债和所有者权益指标比之上年的增减变动情况。

"年初数"栏内各项数字应根据上年资产负债表的"期末数"栏内所列数字填列。如果本年度资产负债表规定的各项目的名称和内容与上年不一致,则应对上年年末资产负债表各项目的名称和数字按照本年度的规定进行调整后再填入本年度资产负债表"年初数"栏内。

资产负债表期末余额栏的列报方法如下。

(1)根据总账科目的余额填列

资产负债表中的有些项目,可直接根据有关总账科目的余额填列,如"交易

性金融资产"、"其他应收款"、"固定资产清理"、"在建工程"、"无形资产"、"长期待摊费用"、"应付票据"、"应付职工薪酬"、"短期借款"、"其他应付款"、"应交税费"、"应付利息"、"应付股利"、"实收资本"、"盈余公积"、"资本公积"等项目。其中的项目如果出现反方向余额时,以"－"号填列,如"应交税费"等项目;有些项目则需根据几个总账科目的余额计算填列,如"货币资金"项目,需根据"库存现金"、"银行存款"、"其他货币资金"3个总账科目余额的合计数填列;"存货"项目应根据"原材料"、"在途物资"和"库存商品"等科目余额的合计数填列。

（2）根据有关明细账科目的余额计算填列

如"应付账款"项目,需要根据"应付账款"和"预付账款"两个科目所属的相关明细科目的期末贷方余额计算填列;"应收账款"项目,需要根据"应收账款"和"预收账款"两个科目所属的相关明细科目的期末借方余额计算填列。

①应收账款项目:应根据"应收账款"、"预收账款"明细科目的借方余额合计填列;

②预收账款项目:应根据"应收账款"、"预收账款"明细科目的贷方余额合计填列;

③应付账款项目:应根据"应付账款"、"预付账款"明细科目的贷方余额合计填列;

④预付账款项目:应根据"应付账款"、"预付账款"明细科目的借方余额合计填列。

（3）根据总账科目和明细账科目的余额分析计算填列

（4）根据有关科目余额减去其备抵科目余额后的净额填列

（5）综合运用上述填列方法分析填列

［例12.1］　某企业2007年12月31日编制的资产负债表如表12.1所示。

表12.1　资产负债表

编制单位:某企业　　　　　　　　　　　　　　　（2007年12月31日　单位:元）

资　产	期末余额	年初余额	负债和所有者权益（或股东权益）	期末余额	年初余额
流动资产:		略	流动负债:		略
货币资金	405 000		短期借款	200 000	
交易性金融资产	23 000		交易性金融负债		
应收票据	40 000		应付票据	190 000	

续表

资　　产	期末余额	年初余额	负债和所有者权益（或股东权益）	期末余额	年初余额
应收账款	402 000		应付账款	515 000	
预付款项	125 000		预收款项	15 000	
应收利息			应付职工薪酬	98 000	
应收股利			应交税费	45 000	
其他应收款	68 000		应付利息		
存货	660 000		应付股利		
一年内到期的非流动资产	10 000		其他应付款	120 000	
其他流动资产	50 000		一年内到期的非流动负债	200 000	
流动资产合计	1 783 000		其他流动负债		
非流动资产：			流动负债合计	1 518 000	
可供出售金融资产			非流动负债：		
持有至到期投资	90 000		长期借款	300 000	
长期应收款			应付债券	500 000	
长期股权投资	360 000		长期应付款		
投资性房地产			专项应付款		
固定资产	1 350 000		预计负债		
在建工程	95 000		递延所得税负债		
工程物资	15 000		其他非流动负债		
固定资产清理			非流动负债合计	800 000	
生产性生物资产			负债合计	2 318 000	
油气资产			所有者权益（或股东权益）：		
无形资产	80 000		实收资本（或股本）	1 000 000	
开发支出			资本公职	100 000	
商誉			减:库存股		

续表

资　　　产	期末余额	年初余额	负债和所有者权益（或股东权益）	期末余额	年初余额
长期待摊费用			盈余公积	85 000	
递延所得税资产			未分配利润	270 000	
其他非流动资产			所有者权益（或股东权益）合计	1 455 000	
非流动资产合计	1 990 000				
资产总计	3 773 000		负债和所有者权益（或股东权益）合计	3 773 000	

12.3　利润表

12.3.1　利润表的概念和意义

1）利润表的概念

利润表又称损益表，它是反映企业在一定会计期间经营成果的会计报表。由于利润表反映的是某一期间的情况，所以它是一种动态报表。

2）利润表的意义

①通过利润表，可以从总体上了解企业收入、成本和费用、净利润（或亏损）的实现及构成情况；

②通过利润表提供的不同时期的比较数字（本月数、本年累计数、上年数），可以分析企业的获利能力及利润的变化情况和未来发展趋势；

③通过利润表，可以了解投资者投入资本的保值增值情况，评价企业经营业绩。

12.3.2　利润表编制的要求

1）在利润表中，费用应当按照功能分类

费用应当按照功能分为从事经营业务发生的成本、管理费用、销售费用和财务费用等。

2)利润表至少应当单独列示反映下列信息的项目

营业收入、营业成本、营业税金、管理费用、销售费用、财务费用、投资收益、公允价值变动损益、资产减值损失、非流动资产处置损益、所得税费用、净利润。

12.3.3 利润表的结构和格式

利润表的格式有单步式和多步式两种。

1)单步式利润表

单步式利润表是将企业一定期间实现的所有收入和发生的费用分别加以汇总,用收入合计减去费用合计计算出本期利润。这种格式的利润表比较直观、简单、方便,但不便报表使用者进行分析判断,也不利于同行业企业间的比较评价。

2)多步式利润表

(1)多步式利润表的概念

多步式利润表是将企业一定期间所实现的各项收入和所发生的各项费用,按其性质加以归类,按照利润形成过程分步计算出本期利润。这种格式的利润表清晰地反映了各种不同性质的收入与费用的内在联系和利润的形成过程,便于报表使用者了解企业利润的形成情况,也便于对同行业的不同企业进行对比分析。此外,多步式利润表通常将各项收入与费用及利润分别按"本期金额"和"上期金额"两栏填列,便于报表使用者通过前后期的比较分析,了解企业经营的变化情况及发展趋势。我国企业会计准则规定,企业编制的利润表采用多步式利润表。

(2)多步式利润表的计算步骤

在多步式利润表中,本期利润按照以下步骤计算得出:

第一步,计算营业利润。

营业利润 = 营业收入 − 营业成本 − 营业税金及附加 −
销售费用 − 管理费用 − 财务费用 − 资产减值损失 +
公允价值变动收益(或 − 公允价值变动损失)+
投资收益(或 − 投资损失)

第二步,计算利润总额。

利润总额 = 营业利润 + 营业外收入 − 营业外支出

第三步,计算净利润。

净利润 = 利润总额 − 所得税费用

3）利润表的编制方法

"利润表"各项目均分设"本期金额"和"上期金额"两栏,"本期金额"主要反映当期利润实现的情况,"上期金额"主要反映上年度利润实现的情况。

利润表各项目的"本期金额"主要根据损益类总分类账户净发生额填列,"上期金额"根据上年利润表栏内所列数字填列。利润表"本期金额"各具体项目填列方法如下:

(1)根据有关总账科目的发生额计算填列

"营业收入"项目反映企业各项经营业务收入,本项目根据"主营业务收入"、"其他业务收入"科目净发生额合计数填列。

"营业成本"项目反映企业各项经营的业务成本,本项目根据"主营业务成本"、"其他业务成本"科目净发生额合计数填列。

(2)根据有关总账科目的发生额填列

"营业税金及附加"、"管理费用"、"销售费用"、"财务费用"、"投资收益"、"营业外收入"、"营业外支出"、"所得税费用"等项目,根据该科目净发生额填列。

[例12.2] 某企业 2007 年度编制的利润表如表12.2所示。

表12.2 利润表

编制单位:某企业 　　　　　　　　　　　　(2007 年 12 月　单位:元)

项　目	本期金额	上期金额
一、营业收入	5 600 000	略
减:营业成本	4 595 000	
营业税金及附加	52 000	
销售费用	70 000	
管理费用	124 000	
财务费用	5 600	
资产减值损失		
加:公允价值变动收益(损失以"−"填列)		
投资收益(损失以"−"填列)	55 000	
其中:对联营企业和合营企业的投资收益		
二、营业利润(亏损以"−"号填列)	808 400	
加:营业外收入	27 000	

续表

项 目	本期金额	上期金额
减:营业外支出	35 400	
其中:非流动资产处置损失	5 400	
三、利润总额(亏损总额以"-"号填列)	800 000	
减:所得税费用	200 000	
四、净利润(净亏损以"-"号填列)	600 000	

12.4　现金流量表

12.4.1　现金流量表的概念和意义

1)现金流量表的概念

现金流量表是反映企业一定会计期间现金和现金等价物(以下简称现金)流入和流出报表。它从现金的流入和流出两个方面,反映企业在一定期间内的经营活动、投资活动和筹资活动所产生的现金流量。

2)现金流量表的意义

①通过现金流量表,可以为会计报表使用者提供企业一定会计期间内现金流入和流出的信息,这类信息有助于企业的投资者、债权人和其他的会计报表使用者了解企业如何获得和运用现金的情况;

②通过现金流量表,可以帮助企业的投资者、债权人和其他的会计报表使用者评价企业的支付能力和偿债能力,预测企业未来的现金流量,分析影响现金流量的因素。

12.4.2　现金和现金流量的内容

1)现金的内容

现金流量表是以现金为基础编制的,这里的现金是指企业的库存现金,可以

随时用于支付的存款、现金等价物。具体内容包括:

(1)库存现金

库存现金与日常核算中的"库存现金"科目所包括的内容一致。

(2)银行存款

银行存款是企业存放在金融机构随时可以用于支付的存款,与日常核算中的"银行存款"科目所包括的内容基本一致。但如果存放在金融机构的款项是不能随时用于支付的存款,如不能随时支取的定期存款,不作为现金流量表中的现金。

(3)其他货币资金

其他货币资金是企业存放在金融机构具有特定用途的资金,如外埠存款、银行汇票存款、银行本票存款、信用卡存款等。

(4)现金等价物

现金等价物是指企业持有的期限短、流动性强、易于转换为已知金额现金、价值变动风险很小的投资。现金等价物的债券投资,如企业购入还有1个月即到期的国债,这项投资可视为现金等价物。权益性投资通常金额不确定,不能作为现金等价物。

2)现金流量的内容

现金流量是指现金和现金等价物的流入和流出。通常按企业经营业务发生的性质将一定时期内产生的现金流量划分三大类:经营活动产生的现金流量、投资活动产生的现金流量和筹资活动产生的现金流量。

(1)经营活动产生的现金流量

经营活动是指企业投资活动和筹资活动以外的所有交易和事项,包括销售商品或提供劳务、经营性租赁、购买货物、接受劳务、制造产品、广告宣传、推销产品、交纳税款等。

(2)投资活动产生的现金流量

投资活动是指企业长期资产的购建和不包括在现金等价物范围内的投资及其处置活动。

(3)筹资活动产生的现金流量

筹资活动是指导致企业资本及债务规模和构成发生变化的活动,包括吸收投资、发行股票、分配利润等。

(4)难以界定项目的分类

①企业结算账户利息收入,作为经营活动,归入"收到的其他与经营活动有关的现金"项目内。

②收到的保险赔款,应分别处理:如果收到的是流动资产的保险赔款,作为经营活动,归入"收到的其他与经营活动有关的现金"项目内;如果收到的是固定资产的保险赔款,作为投资活动,归入"处置固定资产、无形资产和其他长期资产而收到的现金净额"项目内。

③接受现金捐赠,作为筹资活动,归入"收到的其他与筹资活动有关的现金"项目;捐赠现金支出,归入"支付的其他与筹资活动有关的现金"项目。

12.4.3　现金流量表的编制

1)现金流量表的编制方法

现金流量表是以资产负债表、利润表等报表以及有关账户记录为依据编制的,其编制方法有直接法和间接法两种。直接法是指通过现金流入和现金流出的主要类别来反映企业经营活动产生的现金流量。间接法是指以本期净利润为起算点,调整不涉及现金的收入、费用等有关项目的增减变动,据以计算出经营活动产生的现金流量。

在我国,企业编制现金流量表应当采用直接法,但在附注中还应当采用间接法反映企业经营活动产生的现金流量。

2)一般企业现金流量表

[例12.3]　某企业的现金流量表如表12.3所示。

表 12.3　现金流量表

编制单位:某企业　　　　　　　　　　　　　(2007 年 12 月　单位:元)

项　目	本期金额	上期金额
一、经营活动产生的现金流量:	略	略
销售商品、提供劳务收到的现金		
收到的税费返还		
收到其他与经营活动有关的现金		
经营活动现金流入小计		
购买商品、接受劳务支付的现金		
支付给职工以及为职工支付的现金		
支付的各项税费		

续表

项　目	本期金额	上期金额
支付其他与经营活动有关的现金		
经营活动现金流出小计		
经营活动产生的现金流量净额		
二、投资活动产生的现金流量：		
收回投资收到的现金		
取得投资收益收到的现金		
处置固定资产、无形资产和其他长期资产收回的现金净额		
处置子公司及其他营业单位收到的现金净额		
收到其他与投资活动有关的现金		
投资活动现金流入小计		
购建固定资产、无形资产和其他长期资产支付的现金		
投资支付的现金		
取得子公司及其他营业单位支付的现金净额		
支付其他与投资活动有关的现金		
投资活动现金流出小计		
投资活动产生的现金流量净额		
三、筹资活动产生的现金流量：		
吸收投资收到的现金		
取得借款收到的现金		
收到其他与筹资活动有关的现金		
筹资活动现金流入小计		
偿还债务支付的现金		
分配股利、利润或偿付利息支付的现金		
支付其他与筹资活动有关的现金		
筹资活动现金流出小计		
筹资活动产生的现金流量净额		
四、汇率变动对现金及现金等价物的影响		
五、现金及现金等价物净增加额		
加：期初现金及现金等价物余额		
六、期末现金及现金等价物余额		

3)现金流量表附注表的格式

①现金流量表补充资料披露格式如表12.4所示,企业应当采用间接法在现金流量表附注中披露将净利润调节为经营活动现金流量的信息。

表12.4 现金流量表补充资料

补 充 资 料	本期金额	上期金额
1.将净利润调节为经营活动现金流量:		
净利润		
加:资产减值准备		
固定资产折旧、油气资产折耗、生产性生物资产折旧		
无形资产摊销		
长期待摊费用摊销		
处置固定资产、无形资产和其他长期资产的损失(收益以"-"号填列)		
固定资产报废损失(收益以"-"号填列)		
公允价值变动损失(收益以"-"号填列)		
财务费用(收益以"-"号填列)		
投资损失(收益以"-"号填列)		
递延所得税资产减少(增加以"-"号填列)		
递延所得税负债增加(减少以"-"号填列)		
存货的减少(增加以"-"号填列)		
经营性应收项目的减少(增加以"-"号填列)		
经营性应付项目的增加(减少以"-"号填列)		
其他		
经营活动产生的现金流量净额		
2.不涉及现金收支的重大投资和筹资活动:		
债务转为资本		
一年内到期的可转换公司债券		
融资租入固定资产		
3.现金及现金等价物净变动情况:		
现金的期末余额		
减:现金的期初余额		
加:现金等价物的期末余额		
减:现金等价物的期初余额		
现金及现金等价物净增加额		

②企业应当按照表12.5所示格式披露当期取得或处置子公司及其他营业

单位的有关信息：

表 12.5　子公司及其他营业单位有关信息

项　目	金额
一、取得子公司及其他营业单位的有关信息：	
1. 取得子公司及其他营业单位的价格	
2. 取得子公司及其他营业单位支付的现金和现金等价物	
减：子公司及其他营业单位持有的现金和现金等价物	
3. 取得子公司及其他营业单位支付的现金净额	
4. 取得子公司的净资产	
流动资产	
非流动资产	
流动负债	
非流动负债	
二、处置子公司及其他营业单位的有关信息：	
1. 处置子公司及其他营业单位的价格	
2. 处置子公司及其他营业单位收到的现金和现金等价物	
减：子公司及其他营业单位持有的现金和现金等价物	
3. 处置子公司及其他营业单位收到的现金净额	
4. 处置子公司的净资产	
流动资产	
非流动资产	
流动负债	
非流动负债	

③现金和现金等价物。现金和现金等价物的披露格式如表 12.6 所示。

表 12.6 现金和现金等价物披露格式

项　　目	本期金额	上期金额
一、现金：		
其中:库存现金		
可随时用于支付的银行存款		
可随时用于支付的其他货币资金		
可用于支付的存放中央银行款项		
存放同业款项		
拆放同业款项		
二、现金等价物：		
其中:3 个月内到期的债券投资		
三、期末现金及现金等价物余额：		
其中:母公司或集团内子公司使用受限制的现金和现金等价物		

12.5 所有者权益变动表

12.5.1 所有者权益变动表的概念和意义

1）所有者权益变动表的概念

所有者权益变动表,对于股份有限公司而言,称为股东权益变动表,是反映企业所有者权益各项目当期增减变动情况的会计报表。

2）所有者权益变动表的意义

通过编制所有者权益变动表,可以向财务会计报告使用者提供企业所有者权益及其各组成部分当期增减变动情况的会计信息,以使财务会计报告的使用者了解企业所有者权益的增减变动情况和变动原因,客观评价企业财务状况和经营业绩。

12.5.2　所有者权益变动表编制的要求

在编制所有者权益变动表时,企业应当遵循以下要求:

①所有者权益变动表应当反映构成所有者权益的各组成部分当期的增减变动情况。

②当期损益、直接计入所有者权益的利得和损失,以及与所有者(或股东)的资本交易导致的所有者权益的变动,应当分别列示。

③所有者权益变动表至少应当单独列示反映下列信息的项目:

a.净利润;

b.直接计入所有者权益的利得和损失;

c.会计政策变更和差错更正的累积影响;

d.所有者投入资本和向所有者分配利润;

e.盈余公积;

f.实收资本、资本公积、盈余公积、未分配利润的期初和期末余额及其调节情况。

12.6　会计报表附注

12.6.1　会计报表附注的概念和意义

1)会计报表附注的概念

会计报表附注,简称附注,是对在资产负债表、利润表、现金流量表和所有者权益变动表等报表中列示项目的文字描述或明细资料,以及对未能在这些报表中列示项目的说明等。

2)会计报表附注的意义

会计报表附注是对在会计报表中列示项目所作的进一步说明,以及对未能在会计报表中列示的项目的说明。因此,通过会计报表附注,可以帮助财务会计报告的使用者正确理解会计报表所提供的会计信息,以使他们能够客观地评价企业财务状况、经营业绩和现金流动状况。

3）会计报表附注披露的要求

会计报表附注当披露财务报表的编制基础,相关信息应当与资产负债表、利润表、现金流量表和所有者权益变动表等报表中列示的项目相互参照。

12.6.2　会计报表附注应当披露的内容及其披露顺序

会计报表附注一般应披露以下内容,并按下列顺序披露:

①财务报表的编制基础。

②遵循企业会计准则的声明。

③重要会计政策的说明。重要会计政策的说明包括下一会计期间内很可能导致资产、负债账面价值重大调整的会计估计的确定依据等。

④重要会计估计的说明。重要会计估计的说明包括下一会计期间内很可能导致资产、负债账面价值重大调整的会计估计的确定依据等。

⑤会计政策和会计估计变更以及差错更正的说明。

⑥对已在资产负债表、利润表、现金流量有和所有者权益变动表中列示的重要项目的进一步说明,包括终止经营税后利润的金额及其构成情况等。

⑦或有和承诺事项、资产负债表日后非调整事项、关联方关系及其交易等需要说明的事项。

⑧其他事项。

如果下列各项未在与财务报表一起公布的其他信息中披露的,企业应当在附注中披露:

a.企业注册地、组织形式和总部地址。

b.企业的业务性质和主要经营活动。

c.母公司以及集团最终母公司的名称。

本章小结

财务会计报告的编制是会计核算的最终环节,本章的学习内容结合了新会计准则的要求,介绍了财务会计报告的构成和作用,明确了财务报表编制的基本要求。着重介绍有关资产负债表、利润表的格式和结构以及编制方法,一般介绍了现金流量表和所有者权益变动表的格式和结构以及会计报表附注等内容。

本章自测题

1. 什么是财务会计报告？有何作用？

2. 简述财务会计报告的构成。

3. 财务报表编制的基本要求有哪些？

4. 什么是资产负债表？有何意义？

5. 什么是利润表？有何意义？

6. 简述多步式利润表的计算步骤。

7. 什么是现金流量表？有何意义？

习题参考答案

第 1 章自测题:略

第 2 章自测题:略

第 3 章自测题

一、思考题:略

二、练习题

(1)确认坏账损失

借:坏账准备   10 000

   贷:应收账款   10 000

(2)收到上年度已转销的坏账损失,先恢复应收款项,再冲销。

借:应收账款   8 000

   贷:坏账准备   8 000

借:银行存款   8 000

   贷:应收账款   8 000

(3)"坏账准备"科目的余额 = (3 000 000 + 5 000 000 + 850 000 - 10 000 + 8 000 - 8 000 - 4 000 000)×5%元 = 4 840 000 ×5%元 = 242 000 元

(4)本题应计提的坏账准备数额,根据期初期末余额倒挤,242 000 元 - (150 000 - 10 000 + 8 000)元 = 9 4000 元。

借:资产减值损失——计提的坏账准备   94 000

   贷:坏账准备   94 000

[解析]本题主要考察坏账准备的计算。其中第(3)笔分录中 5 000 000 和 850 000 是业务(1)中发生的应收账款;4 000 000 是业务(4)中的应收款项收回。

第 4 章自测题

一、思考题:略

二、练习题

(1)发出 A 材料的单位成本 = (20 000 - 2 000 + 2 200 + 37 000 + 51 500 + 600)元/(2 000 + 2 950 + 5 000 + 50)千克 = 109 300 元/10 000 千克 = 10.93(元/千克)

(2)

① 借:原材料   2 000
　　贷:应付账款   2 000

② 借:原材料   2 506
　　贷:银行存款   2 506

③ 借:在途物资   43 120
　　贷:银行存款   43 120

④ 借:原材料   37 000
　　贷:在途物资   37 000

⑤ 借:原材料   59 915
　　银行存款   20 085
　　贷:其他货币资金   80 000

⑥ 借:原材料   600
　　贷:生产成本   600

⑦ 借:生产成本   65 580
　　营业费用   10 930
　　管理费用   10 930
　　贷:原材料   87 440

第5章自测题

一、思考题:略
二、练习题

借:长期股权投资——乙公司   4 502
　应收股利   145
　贷:银行存款   4 647

答案解析:因为企业享有的份额为 4 500,但付出的成本要大于应享有的份额,所以不调整投资成本。

借:银行存款   145
　贷:应收股利   145

借:长期股权投资——损益调整   750
　贷:投资收益   750

借:应收股利	116	
贷:长期股权投资——损益调整		116
借:银行存款	5 200	
贷:长期股权投资——成本		4 502
——损益调整		634
投资收益		64

第6章自测题

一、思考题:略

二、练习题

(1)借:固定资产	100 000	
贷:实收资本		100 000
(2)借:固定资产	12 000	
贷:累计折旧		3 000
银行存款		9 000
(3)借:固定资产	40 000	
贷:累计折旧		2 000
实收资本		38 000
(4)借:在建工程	200 300	
贷:银行存款		200 300
(5)借:在建工程	1 000	
贷:物料用品		1 000
(6)借:在建工程	500	
贷:银行存款		500
(7)借:固定资产	201 800	
贷:在建工程		201 800
(8)借:固定资产	3 000	
贷:累计折旧		600
待处理财产损溢		2 400
(9)借:待处理财产损溢	2 400	
贷:营业外收入——处置固定资产净收入		2 400
(10)借:固定资产——融资租入固定资产	1 202 000	
贷:长期应付款——应付融资租赁款		1 202 000
(11)借:长期应付款——应付融资租赁款	20 033	

	贷:银行存款	20 033
(12)	借:固定资产清理	1 500
	累计折旧	10 500
	贷:固定资产	12 000
(13)	借:长期投资	120 000
	累计折旧	60 000
	贷:固定资产	180 000
(14)	借:固定资产清理	28 000
	累计折旧	12 000
	贷:固定资产	40 000
(15)	借:银行存款	25 000
	贷:固定资产清理	25 000
(16)	借:营业外支出	3 000
	贷:固定资产清理	3 000
(17)	借:待处理财产损溢	1 000
	累计折旧	4 000
	贷:固定资产	5 000
(18)	借:营业外支出	1 000
	贷:待处理财产损溢	1 000

第7章自测题

一、思考题:略

二、练习题

1.

(1)	借:原材料	6 700
	贷:应付账款	6 700
(2)	借:固定资产	28 000
	贷:应付票据	28 000
(3)	借:银行存款	120 000
	贷:短期借款	120 000
(4)	借:财务费用——利息支出	1 800
	贷:应付利息	1 800
(5)	借:应付账款	59 360
	贷:应付票据	56 000

      应付利息   3 360

(6)借:营业费用   134 600

     管理费用   46 000

       贷:应付职工薪酬——应付工资   180 600

(7)借:营业费用   18 844

     管理费用   6 440

       贷:应付职工薪酬——应付福利费   25 284

(8)借:应付职工薪酬——应付工资   180 600

       贷:库存现金   171 000

          其他应付款——水电费   9 600

(9)借:应付职工薪酬——应付福利费   1 920

       贷:库存现金   1 920

2.

(1)债券的发行价格等于债券面值 1 200 000 元时,无折价、溢价摊销,会计分录为:

发行时:

借:银行存款   1 200 000

   贷:应付债券——债券面值   1 200 000

前 5 次付息:

借:财务费用——利息支出   72 000

   贷:应付债券——应计利息   72 000

到期还本付息:

借:应付债券——债券面值   1 200 000

     应付债券——应计利息   360 000

     财务费用——利息支出   72 000

   贷:银行存款   1 632 000

(2)债券的发行价格为 1 500 000 元时,会计分录为:

发行时:

借:银行存款   1 500 000

   贷:应付债券——债券面值   1 200 000

      应付债券——债券溢价   300 000

每半年应摊销溢价 300 000 元÷6 =50 000 元,每半年应付利息为 72 000 元,前 5 次付息:

借:财务费用——利息支出	22 000
应付债券——债券溢价	50 000
贷:应付债券——应计利息	72 000

到期还本付息:

借:应付债券——债券面值	1 200 000
应付债券——应计利息	360 000
财务费用——利息支出	22 000
应付债券——债券溢价	50 000
贷:银行存款	1 632 000

(3)债券的发行价格为 900 000 元时,会计分录为:

发行时:

借:银行存款	900 000
应付债券——债券折价	300 000
贷:应付债券——债券面值	1 200 000

每半年应摊销折价为 300 000 元÷6 = 50 000 元,每半年应付利息为 72 000
元,每半年应付费用为 122 000 元,前 5 次付息:

借:财务费用——利息支出	122 000
贷:应付债券——应计利息	72 000
应付债券——债券折价	50 000

到期还本付息:

借:应付债券——债券面值	1 200 000
应付债券——应计利息	360 000
财务费用——利息支出	122 000
贷:银行存款	1 632 000
应付债券——债券折价	50 000

第 8 章自测题

一、思考题:略

二、练习题

(一)选择题

1. C

〔解析〕以资本公积转增资本,以盈余公积弥补亏损引起企业所有者权益内
部有关项目此增彼减;向股东支付已宣告分派的现金股利引起负债的减少。

2. B

〔解析〕应计入资本公积的金额 = 60 × (8.3 − 8.0)万元 = 18 万元。

(二)判断题

1. ×

〔解析〕以盈余公积向投资者分配现金股利,借记"盈余公积",贷记"应付股利"。

2. √

〔解析〕可供投资者分配的利润 = (100 + 500 − 75 − 25)万元 = 500 万元。

第 9 章自测题

一、思考题:略

二、练习题

(一)习题一

(1)借:主营业务成本——客房部   4 200

    贷:低值易耗品   4 200

(2)借:库存现金   10 000

    银行存款   7 000

    应收账款   3 000

    贷:主营业务收入——客房部   20 000

(3)借:营业费用——广告费   3 000

        ——电话费   400

    贷:银行存款   3 400

(4)借:主营业务成本——餐饮部   500

    贷:原材料   500

(5)借:管理费用   2 450

    贷:银行存款   2 450

(6)借:管理费用   50 000

    营业费用   100 000

    贷:应付职工薪酬——工资   150 000

(7)借:管理费用   13 000

    贷:累计折旧   13 000

(二)习题二

(1)借:财务费用   2 850

    贷:应付利息   2 850

(2)借:营业费用   900

    贷:银行存款   900

 (3)借:营业税金及附加   28 000

    贷:应交税费——应交营业税   28 000

 (4)借:营业税金及附加   2 800

    贷:应交税费——应交城建税   1 960

        ——应交教育费附加   840

 (5)借:主营业务收入   560 000

   投资收益   10 000

   营业外收入   3 000

    贷:本年利润   573 000

  借:本年利润   445 400

    贷:主营业务成本   320 000

     财务费用   5 200

     营业费用   52 900

     管理费用   35 000

     营业税金及附加   30 800

     营业外支出   1 500

第10章自测题

一、思考题:略

二、练习题

(一)习题一

 (1)借:原材料   6 000

    贷:银行存款   6 000

 (2)借:主营业务成本   850

    贷:低值易耗品   850

 (3)借:营业费用——修理费   4 200

    贷:库存现金   4 200

 (4)借:管理费用——业务招待费   2 000

    贷:银行存款   2 000

 (5)借:管理费用——差旅费   2 000

    贷:其他应收款   2 000

 (6)借:库存现金   200

    贷:预收账款   200

（7）借:库存现金   1 800

    预收账款   200

    贷:主营业务收入——餐饮部   2 000

（8）借:营业费用——培训费   2 000

    贷:库存现金   2 000

（9）借:管理费用——房屋租赁费   1 200

    贷:银行存款   1 200

（10）借:营业费用   45 600

    贷:应付职工薪酬——工资   40 000

    ——职工福利   5 600

（二）习题二

（1）佛跳墙售价:$(0.5 \times 28 + 0.2 \times 100 + 0.2 \times 300 + 0.2 \times 150 + 15)/(1 - 50\%)$元$= 278$元

双菇炒冬笋售价:$(0.1 \times 18 + 0.1 \times 40 + 0.15 \times 10 + 1)/(1 - 50\%)$元$= 16.6$元

清蒸甲鱼售价:$(0.5 \times 200 + 2)/(1 - 50\%)$元$= 204$元

（2）佛跳墙售价:$(0.5 \times 28 + 0.2 \times 100 + 0.2 \times 300 + 0.2 \times 150 + 15) \times (1 + 50\%)$元$= 208.5$元

双菇炒冬笋售价:$(0.1 \times 18 + 0.1 \times 40 + 0.15 \times 10 + 1) \times (1 + 50\%)$元$= 12.45$元

清蒸甲鱼售价:$(0.5 \times 200 + 2) \times (1 + 50\%)$元$= 153$元

第11章自测题

一、思考题:略

二、练习题

（1）借:银行存款   9 000

    贷:预收账款——×旅行团   9 000

（2）借:其他应收款   8 000

    贷:库存现金   8 000

（3）借:主营业务成本   7 200

    贷:其他应收款   7 200

（4）借:库存现金   1 250

    贷:其他应收款   800

    主营业务收入   450

（5）借:营业费用——广告费   2 000

    贷:银行存款   2 000

(6)借:财务费用   2 000

      贷:应付利息   2 000

(7)借:管理费用   10 000

      贷:累计折旧   10 000

(8)借:营业费用   15 000

        管理费用   5 000

      贷:应付职工薪酬——工资   20 000

(9)借:营业税金及附加   12 650

      贷:应交税费——应交营业税   11 500

            ——应交城建税   805

            ——应交教育费附加   345

所得税费用:(230 000 - 150 000 - 30 000 - 10 000 - 2 000 - 12 650)×33%元 = 8365.5元

    借:所得税费用   8 365.5

      贷:应交税费——应交所得税   8 365.5

(10)借:本年利润   213 015.5

       贷:主营业务成本   150 000

         营业费用   30 000

         财务费用   2 000

         管理费用   10 000

         营业税金及附加   12 650

         所得税费用   8 365.5

     借:主营业务收入   230 000

      贷:本年利润   230 000

     借:本年利润   16 984.5

      贷:利润分配——未分配利润   16 984.5

第 12 章自测题:略

[1] 杨晨晖. 饭店会计[M]. 昆明:云南教育出版社,2002.

[2] 李亚利,范英杰. 旅游会计[M]. 天津:南开大学出版社,2004.

[3] 企业会计准则新旧对照[M]. 北京:中国法制出版社,2006.

[4] 肖葱. 旅游企业会计[M]. 成都:四川大学出版社,2004.

[5] 李亚利. 饭店财务会计[M]. 天津:南开大学出版社,2005.

[6] 马桂顺. 旅游企业会计学[M]. 北京:清华大学出版社,2005.

[7] 徐金仙,陈引. 基础会计[M]. 上海:立信会计出版社,2007.

[8] 云南省会计从业考试辅导教材编写组. 云南省会计从业考试辅导教材[M].
    北京:经济科学出版社,2007.

[9] 陈企盛. 小餐饮企业实用会计[M]. 北京:中国纺织出版社,2007.

[10] 于小镭,徐兴恩. 新企业会计准则实用指南(中小企业类)[M]. 北京:机械
    工业出版社,2007.